Minerva Shobo Librairie

21世紀の国際政治理論

石井貫太郎［著］

ミネルヴァ書房

はしがき

本書は前作『現代国際政治理論』(ミネルヴァ書房、一九九三年、増補改訂版二〇〇三年)刊行後から近年に至るまでに筆者が取り組んだ新しい国際政治理論の構築を試行した研究成果をまとめた書籍であり、第一に日本流の国際政治理論の構築、第二に理論と実証の帰還(フィードバック)への視座、第三に日本外交への政策的インプリケーションを目的とした研究書である。本書が前作同様に読者のお役に立てることを願ってやまない。

本書の構成は以下のような三部構成となっている。まず第Ⅰ部「数理モデルによる理論化」では、国際システム、外交資源、政治的リーダーシップのそれぞれの題材について数学的表記法を用いたモデリングが試行され、主として統計学的な手法を用いた実証研究のための基礎が提供されている。これによって、わが国の国際政治研究ではまだ稀少な統計学的な実証研究の成果を蓄積していくことが期待できる。続く第Ⅱ部「記述モデルによる理論化」では、地域主義、国際協調、国民車プロジェクトのそれぞれの題材について記述的手法を用いたモデリングが試行され、地域研究の手法による実証研究のための基礎が提供されている。わが国の国際政治研究では欧米諸国と比べて地域研究や歴史分析の研究成果が数多く蓄積されている傾向があるため、そうした成果の活用に資することが期待される。最後に第Ⅲ部「国際政治理論研究の新しい視座」では、国際政治理論の体系化を通じた国際システムの連動モデル構築の試行とともに、いわゆる歴史認識の視点から国際政治学の学術的な理論研究の意義に関するメタファーの議論が展開されている。

より具体的な本書の章立ては以下の通りである。まず、序章「国際システムの構造変動」においては、国際システムが米ソの冷戦システムから米国の覇権システムを経て、今日のような勢力均衡システムへと変遷することにともなって、国際システム全体の構造がどのように変化しているのかを各要素に着目して論じた後、そうした情勢下における外交の課題から生起する日本の国際政治学と国際政治理論の研究課題を提起し、以下に続く各章のテーマを規定する。

そして、第1章「国際システムの理論」では、国際システム全体が勢力均衡システム化していく中にあって、アジア地域の安定化をはかるために日中の冷戦体制が不可欠であることを指摘するために、その論拠として単極システムよりも双極システムの方がより安定的である事実を理論的に証明する。続いて、第2章「外交資源の理論」においては、世界の警察官を辞めてバランサーとなった米国の安全保障政策の転換という事態を受けて、日中冷戦時代を生き抜くために従来型の経済力を中核資源とした外交方針から軍事力との二枚看板で外交政策を展開する必要に迫られているわが国の現状と将来に鑑み、外交資源としての軍事力と経済力の役割に関する理論化を試みる。第3章「政治的リーダーシップの理論」では、各国の外交政策の政策決定者である政治的リーダーの資質を分析するための理論的枠組みの構築を試行する。ここでは特に、政治的リーダーの種類と政治的リーダーシップの種類をそれぞれ類型化した後、それらの諸概念の時系列的な連動関係の論理が考察されている。

第4章「地域主義の理論」では、ＡＳＥＡＮをはじめとする地域主義的な国際協力機構の本質がその対外共同行動にあることを鑑み、その構成諸国がいかなる論理に基づいて同盟関係を構築・維持するのかという過程に関する理論化を行う。また、第5章「国際協調の理論」は、力の均衡によって作り出された国際関係の場において、その構成諸国がいかなる目的と手段によって協調する可能性があるのかを検討し、その論理を理論化する。第6章「国民軍プロジェクトの理論」は、各国政府による公式な政策としてのＯＤＡ（政府開発援助）とは異なる非公式の民間援助としての側面をもつ多国籍企業の途上国における産業育成活動である国民車プロジェクトに関する理論化を試行する。

さらに、第7章「国際政治理論の連動モデル」は、現代国際政治学における既存の三つの理論を時系列的に連動化させたモデリングを試みる。最後に第8章「歴史認識と国際政治理論」では、従来の国際政治理論の弱点や不足を補完するための論理実証主義的な進化を志向する研究方法論が国際政治学を進歩させる原動力となることを指摘して本書の締めくくりとする。なお、この第8章は前作の増補改訂版に「補論」として掲載した原稿を加筆・修正した内容である。また、本書の内容全体はあくまでも二〇世紀の題材や議論が中心ではあるが、それらの研究動向を土台として二一世紀への視座を提供する布石の意義から、あえて題名を『21世紀の国際政治理論』としたことを付記しておく。

ところで、二〇年以上の長きにわたって多くの読者諸氏に親しまれた処女作たる『現代国際政治理論』の続編として本書を刊行できたのは、ひとえに同社の杉田啓三社長および浅井久仁人編集員ならびに大木雄太編集員のご尽力によるものであり、この場を借りて御礼申し上げたい。

本書を、筆者の八人の恩師たる大谷登士雄先生（青山学院大学名誉教授）、松本三郎先生（故人・慶應義塾大学名誉教授）、薬師寺泰蔵先生（慶應義塾大学名誉教授）、田中俊郎先生（慶應義塾大学名誉教授）、花井等先生（筑波大学名誉教授）、三宅正樹先生（明治大学名誉教授）藤本一美先生（専修大学名誉教授）、川上高司先生（拓殖大学大学院教授）に捧げる。

二〇一六年一月一〇日

筆　者

21世紀の国際政治理論　目次

第Ⅱ部　記述モデルによる理論化

第Ⅲ部　国際政治理論研究の新しい視座

序章　国際システムの構造変動

1　問題の所在

第二次世界大戦後から二〇世紀後半にかけての時代は、国際関係が動態する構造的な要素としての冷戦体制が存在し、それがあたかも一種の「システム（System）」として国際関係の秩序づけに有効に機能していた[1]。したがって、それがゆえに学術的な研究成果による社会現象に対する説明能力や予測可能性は、少なくとも現在よりは高かったと言える。しかしながら、二〇世紀から二一世紀に突入して以後の近年の国際関係を見ると、冷戦時代よりもさまざまな側面で明らかに無秩序な状態が増加しているように感じられることが多い。また同時に、それがゆえに、学術的研究の成果を通じた社会現象に対する説明能力や予測可能性も比較的減少しているように思われる。

つまり、冷戦が崩壊して以後の国際関係は、冷戦体制によって覆い隠されていたり、あるいは制約を受けていたさまざまな要素が表出し、それが動態する基礎となる構造的な要素も確実に複雑化していったがために、学術的な研究成果によってその動態を説明したり予測したりできる可能性が減じられてしまったのではないかと考えられる。

要するに、冷戦体制崩壊後の言わば脱冷戦体制の論理をとらえきれていないところに、最も大きな問題があるのではないかというわけである。

ここでは筆者がすでに前著『現代国際政治理論』において提示した「冷戦システム」と「脱冷戦システム」の比較考察の議論を再考しつつ、まず冷戦体制がどのようなものであったのかをその構造的および動態的な要素から整理した後(「冷戦システム(Cold War System)」のモデル化)、冷戦が崩壊した後に現出するはずであった脱冷戦体制がどのようなものとして予測されていたのかを考察する(「脱冷戦システム(Post-Cold War System)」のモデル化)。しかる後に、そこで考えられていた脱冷戦システム・モデルのどの部分が現実の国際関係の要素と差異を有しているのかを考えていく。言うまでもなくこうした問題意識の背景にあるものは、一九九〇年代~二〇〇〇年代を通じたいわゆる「失われた二〇年(The Lost Twenty)」が、果たして「脱冷戦システムとは何かを探求する二〇年」ではなかったかという現実認識である。以上のような作業を踏まえた上で、そこで得られた現実の脱冷戦システムの論理下において日本がどのような外交政策を展開するべきであるのかを、主として対アメリカと対中国を中心として論じていく。

2 冷戦システムの論理

さて、第二次世界大戦後の人類は、好むと好まざるとにかかわらず米ソ両超大国の対立の構図であった冷戦体制というシステムの下で生きることを余儀なくされた。そこでは、東西両陣営のいずれかに所属する各国が、各陣営の盟主である米国とソ連が形成する「覇権システム(Hegemonic Stability System)」の枠組みの中で、軍事・政治・経済・文化・社会などのあらゆる側面においてその国家活動の範囲や種類を制御されていた(2)。重要なことは、こうした冷戦体制が軍事安全保障的な「双極システム（Bi-Polar System）」としての側面をもつばかりではなく、同時に政治的な「単極システム（Uni-Polar System）」として、さらには経済的な「多極システム（Multi-Polar System）」としての側面という三つのシステムとしての特徴を混在させた「複合システム（Complex System）」であったという事実である。(3)

したがって、ここでは冷戦型の国際システムを上記三つの側面をもつ複合システムとしてとらえるための概念的な定義を行い、そのシステムとしての性格から論理的に導出される主要な特徴に関して概略的に整理しておきたい。換言すれば、戦後から一九八〇年代に至るまでの国際システム全体に関するモデル＝「冷戦システム・モデル（Cold War System Model）」の構築である。

以下においては、まず冷戦体制と呼ばれた国際システムの特徴を「構造（Structure）」の要素と「動態（Dynamics）」の要素にそれぞれ分類して提示する。なお、ここで「構造」とは、システムを構成する種々の構成要因、すなわち、その「材料」や「組み合わせ」を意味しており、ここで「動態」とは、それらの要素によって構成されるシステムがどのような「活動」を展開するのかという「運動法則」を意味している。動態は構造によって規定され、また構造の限界を越えては活動しないが、構造は動態の影響によって少しずつ変化していくものである。換言すれば、「構造的要因」とは、国際システムがどのような概念から成立しているものかという問題に関わるものであり、いわばその「構成要素」を意味している。「動態的要因」とは、そのような種々の要素から成立している国際システムが、いかなる要因によって「運動」をしているかという問題に関わるものであり、言わば「活動要因」を意味している。両者は体系的に連関しているものである。国際社会も一つのシステムである以上、それを総合的に分析するためにはこうした構造と動態の両側面からの検討が必要となる。

（1）構造的特徴

① 双極システムとしての冷戦

第一に、冷戦時代の国際システムは、軍事的な「双極システム」としての特徴を装備していた。[4] そこでは、安全保障の問題領域における米ソ両超大国の対峙という要素が国際システムの構造的な要因として特に大きな影響力をもっていた。このため、国際システム全体は各々の勢力範囲内においてこれら二つの盟主が決定的な力を有する二つの陣営に分離されていた。陣営を構成する他の諸国は、自己の頭目間における軍事力増強に関わる反復的なデッド・ヒートの下で、米ソの意向に配慮をしつつ自己の対外政策や対内政策を立案・選択し、その便益の獲得に関しては一国の利益よりも陣営全体の利益の確保や増大が優先された（例えば社会主義の陣営内における「制限主権論」など[5]）。

こうした構造によって特徴づけられていた状況においては、他方の陣営に対する「対立」的要素が強調されるとともに、自己の所属する陣営内の「協調」的要素が唱えられることになる。両陣営内の比較的安定的な秩序の周囲を体制間の対立という非秩序的状態がとり囲み、同時に、そのような体制間において伯仲する軍事力の均衡という条件の下で国際システム全体としての秩序が保持されていたのである。換言すれば、一方は「対立の中の秩序」であり、また他方は「対立による秩序」であった。

② 単極システムとしての冷戦

第二に、冷戦時代の国際システムは、政治的な「単極システム」または「覇権システム」としての特徴を装備していた。[6] そこでは、軍事的・経済的に圧倒的な力をもった米ソの政治力が国際システムの動態要因として大きな影響力をもっており、こうした地位を占める米ソが指導者または監視者としての役割を果たす体制の中で国際システム全体が統括されていた。国際システムを構成する他の諸国は、自己の政策の決定と遂行に当たり米ソとの関係を他国との関係よりも重要視し、米ソが供給する「国際公共財（International Public Goods）」の便益を獲得する立場を確保することが目指された(7)。

このような構造によって特徴づけられていた状況下においては、国際政治の主役であり盟主である米ソを中心としたいわば「タカリの構図」によって安定的な秩序が維持されていた。こうした構造は米ソを盟主とする双方の陣営内に作動していたのであり、そこでは政治的経済的力と軍事力、または「強制性」と「非強制性」の違いこそあれ、ほぼ同様の特徴が見出せた(8)。

なお、単極システムは前記の双極システムのサブシステムとしての意義をもっていたが、その基本的な意義の重要性に差異はない。換言すれば、一方では「協調の中の秩序」であり、また他方では「対立できないがゆえの秩序」であった。

③ 多極システムとしての冷戦

第三に、冷戦時代の国際システムは、経済的な「多極システム」または「階層システム（Layered System）」としての特徴を装備していた(9)。そこでは、政治力や経済力を構成する根源的な要素としての経済的活動が国際システムの動態要因として大きな影響力をもっていた。国際システム全体は、国境の枠組みに大きな制約を受ける政治的活動に対して比較的融通性をもって展開できる経済的活動によって活性化されていた。国際システムを構成する諸国は、経済的問題領域における政策を重視するとともに、他国との協調や対立を繰り返しながら自己の利益を追求するという構図が設定されていた。

このような構造によって特徴づけられていた状況下においては、各国の経済力の格差を反映した一種の「階層構造」が国際システム内に成立し、その中を各国が「周流」するという行動が反復的に繰り返された(10)。そして、このシステムが根本的な変革に直面しない限り、国際システム全体の秩序は維持された。言うまでもなく覇権大国であった米ソはこのシステムの中にあって卓越した力をもっており、これについで西欧や日本などの先進諸国も大きな経済力を誇っており、その力の巨大さは他の構成諸国との比較の対象ではなかった。

なお、この多極システムも前記の双極システムのサブシステムとしての意義をもっていたが、やはり覇権システムと同様にそれ独自の特徴がもつ国際システムの動態に関する重要性には差異はなかった。換言すれば、それは一方では「競争と協力の中の秩序」であり、また他方では「対立と協調の〝柔らかい表現〟によって構築された秩序」であった。

ところで、現実の国際システムがこうした種々のシステムの特徴を「融合的」ないしは「混在的」に装備していたという事実認識は重要である。また、その動態がこれらの「サブシステム(Sub-System)」間の相互連関性によって多くの影響を受けた総合的な「出力(Output)」としての性格をもっていた事実を認識することも同様に重要である。そこで次に、こうした構造的な特徴を有する国際社会における構成メンバーとして各国家が活動する場合に、いかなる動態的特徴を顕在化させていたのかを考察してみよう。

(2) 動態的特徴

① 極中心思考

まずマクロ的に言えば、国際政治の動態における要因としての「極」の果たす役割が相対的に大きかったということである。そうした事実を反映するがゆえに、従来の国際システムをめぐる特徴として出現した「双極」、「単極」、「多極」などの概念は、数的な違いこそあれ、いずれも国際政治の動態要因の考察における「〝極〟中心思考」

の域を出ない概念であった[11]。そして、こうした動態的な特徴は、言うまでもなく単極システムとしての国際社会という構造から導出されるものであった。なぜなら、覇権システムであったからこそ、国際関係におけるおよそ全ての事象が覇権国との関係論的な文脈において解釈されたからである。

② 軍事優先主義と政治経済分離主義

次にミクロ的に言えば、国際政治の最も重要な主体である国家による対外政策の遂行において、そこで考慮される判断基準としての「争点の階層原理」または「政経分離主義」が存在したことである[12]。つまり、冷戦時代の国際政治はあくまでも軍事問題を中心として回転していたと言える。そして、こうした動態的特徴は、双極システムとしての国際社会という構造から導出されるものであった。なぜなら、双極システムであったからこそ、国際関係における対立や紛争の局面が即座に米ソの対立、なかんずく軍事的対立という文脈の中で明示的に理解できたからである。

③ イデオロギー的拘束性の存在

さらにマクロとミクロの双方の複眼的な視角から推察すれば、国際社会を構成する各国が、自国の政治経済体制の原理として自由主義・資本主義をとるか社会主義・共産主義をとるかによってその国の国際関係における位置づけが決定されるというイデオロギー的な拘束性が存在した。このような要素は、世界史上においてもイデオロギーと現実利益との融合状況を生み出した数少ない事象として注目に価する。そして、こうした動態的特徴は、多極システムとしての国際社会の構造から導出されるものであった。なぜなら、不平等な階層構造が存在したからこそ、当時の第三世界の多くの国々は早期の開発理論としての社会主義に傾倒し、資本主義陣営に反旗をひるがえす東側に身を投じた事実が論理的に説明できるからである。

さて、これまで見てきたような複合システムとしての種々の特徴を有する国際システムが、冷戦体制の崩壊を経た一九九〇年代以降に根本的な変革に直面したことは事実であった。そこで次節では、冷戦システムの変容を前著ではどのように予測したのかという問題に論点を移動させてみよう。

3 脱冷戦システムの論理

一九八〇年代末から九〇年代初頭における東欧諸国の民主化運動を引き金とした「社会主義の溶解」、「ソ連帝国の解体」、「共産主義社会の消滅」という現象は、戦後の国際システムの構造的な基盤であった冷戦体制を揺るがし、既存体制の存立基盤の崩壊を通じた全世界的規模における流動化現象を誘発した[13]。そしてこのことは、従来の前提に立脚した現状に対する「認識（Cognition）」、将来に対する「規範（Norm）」、さらには「政策（Policy）」をも変化させることとなった[14]。ここでは前節の議論を受けて、冷戦体制崩壊後の国際関係に関する構造的および動態的な変化についていかなる予測が可能であったかを論じてみよう。換言すれば、これは一九九〇年代から現在に至るまでの国際システム全体に関するモデル＝「脱冷戦システム・モデル（Post Cold War System Model）」の構築の試みであった。

（1）構造的変容

① 覇権の衰退と国際関係の流動化

世評においてよく言及された米ソ覇権の凋落は、一九八〇年代初頭までは特に経済的な意味における衰退であった。しかし、八〇年代中期以降から九〇年代に至るまでの間に、経済力の衰退は同時に他の領域にも大きな影響を与え、米ソは自己の陣営内における政治的・軍事的な統制力をも大幅に減少させることとなった。このような米ソ両覇権国の総合的な力の衰退は、必然的に国際社会の単極システムとしての側面を欠落させ、国際社会はその頭領を失った。一方では、同輩中の首位としての米国がかつての子分に協力を呼びかけ、他方では後進大国としてのソ連が解体しつつ、かつての敵国に援助を求めることとなった。したがって、従来の覇権システムは事実上崩壊し、国際関係は比較的秩序ある体系から混沌とした流動化状態に陥ることが予測された。

② 協調的・協力的局面の顕在化

第二に、冷戦体制の終焉と共産主義社会の崩壊は、二者のライバルのうちの一方を消滅させ、国際社会を二分する対立状態は終結することになった。こうした状況は、必然的に国際関係において対立や紛争の側面よりも各国間の協力や協調の側面を顕在化させることとなり、国際関係は盟主の下での結束と他集団との抗争の時代から親分なき自律的な協調の時代へと展開することになることが予測された。したがって、従来の双極システムとしての国際社会の特徴も、ここに失われていくと考えられた。

③ 多中心化傾向の出現

第三に、冷戦の終結は資本主義諸国や共産主義諸国の盟主の喪失とともに、第三世界諸国の一元的な盟主の存在をも否定することとなった。ここに不平等の階層構造は「三角形」の頂点を失って事実上「台形」の様相を呈し、それぞれの地域別にそれぞれの盟主を頭上にいただくという形態、すなわち、世界の数ヶ所にそれぞれその台形が点々と配置されるような多中心化の傾向をもつに至ることが予測できた。そこでは政治・経済・軍事・情報などの国際的な規模における統制力をもった中心という意味での「極」という概念は葬られ、より柔らかい意味における「重心」とも言うべき存在が登場することが考えられ、ここに、従来の多極システムとしての国際社会の特徴も失われる可能性があった。

(2) 動態的変容

次に、以上のような構造的変容から導出される動態的要素の変化についても、いかなる予測が可能であったのかを論じてみよう。

① 脱極化

冷戦体制の崩壊にともなう第一の動態的変化として、国際社会の主要な構成メンバーである各主権国家の政策決定に影響を与える要素としての「極」中心思考の後退と、それに代わる「地域」中心思考の発生が予測できた。これは、脱極化という構造的変容の要素から導出されるものであった。周知のように、冷戦体制下においては国際社会を事実上二分する米ソ両超大国が、それぞれの陣営に所属する諸国家に対し、さらには相手の陣営に所属する国家や両陣営のどちらにも明示的には所属していない第三世界などの国家に対しても、行動の範囲や程度を制御する「与件」として直接的・間接的に影響力をもっていた。

これに対して冷戦体制崩壊後の国際社会においては、これら二極の相対的地位低下の速度に拍車がかけられ、国際社会の主体が自身の行動を決定する際の重要な要因として、また国際システム全体の動向を左右する大きな回転軸として、「極」に代わる「地域」という概念が重要な意義をもち始めることが予測できた。換言すれば、対外政策のベクトルを決定する際に、当該国家が位置する地域内諸国の意向や他地域の国家の政策とのバランスが重要な決定要因になるという考え方である。ここでは従来とは異なり、たとえ「極」国家といえども自国の政策決定において所属地域の動向から大きな制約を受けるわけである。

米ソ両超大国の地位が地盤沈下し、当時のEC諸国を中核とした全欧州および将来における旧英連邦諸国や旧仏領北アフリカ諸国をも含めた統一的な経済市場の構築を目指す一連の動向、またアジア地域における域外交渉の場で強い結束を見せつける当時のASEAN諸国と日本・NIES諸国の連携が進むなど、いわゆる「大地域主義」の動向はこのような予測を具現する兆候として余りあるものであった。また、自らのお膝下である中南米地域や戦略的に重要な意義をもつ中東地域に対して介入を続けていた米国の政策や、経済停滞の打破を意図して東欧諸国を「解放」したソ連の政策なども、このような文脈から考えれば妥当な根拠を見出せると考えることができた(15)。

② 脱軍事化

第二の変化は、国際システムを構成する各国の対外政策の争点に関する優先順位の中で軍事的要素が占める重要性が相対的に低下し、代わって経済的活動ないしは政治的交渉という問題領域の比重が大きくなるということが予測できた。これは、協調主義という構造的変容の要素から導出されるものであった。そして、こうした傾向の進展は、言わば「外交の復活」という現象を併発すると予測できた。国際システムにおける諸国家の対外政策の手段として、「物理的な力」の実質的な表現形態である軍事力の行使が現実的な概念としての妥当性を失いつつあったとすれば、そこに残された実質的に行使し得る手段はより「柔らかい」表現形態としての経済力や政治力にほかならなかったからである。当時のCFE（欧州通常戦力交渉）やSTART（戦略兵器削減交渉）の進展、ソ連のIMF（国際通貨基金）加盟に対する西側諸国の示唆などは、こうした兆候を暗示していると考えられた。

もちろん、冷戦体制の終焉は国際政治場裡におけるいわば「お目付役」の統制力の弱体化をも意味していたため、非先進諸国関係における武力の行使をともなう摩擦や紛争はむしろ逆に増大することも予測できた。特に、「国際正義」の伝道者として相変わらず「世界の警察官」を自認し、他国と比較にならぬほどに世界各地に利害関係をもっていた当時の米国は、自己の個別的な国益確保の面からも、また世界秩序の維持という面からも、当面の時代においてその動向に早急な変化が現れる可能性は薄かった。この点に関する認識は、冷戦時代の動向と脱冷戦時代の共通項という意義からも、さらに今後の国際システムの不安定要素の一つという意義からも重要性をもっていると言えよう。

ところで、このような脱軍事化の傾向は、従来の米ソ両超大国をはじめとする軍事大国の内部において、新しい経済的な意義をもった波及効果を及ぼすことになるとも予測できた。すなわち、従来、これらの諸国の経済的パフォーマンスにおいて莫大な比重を占めていた軍事産業の再編成とそれを通じた産業構造の転換であった。またそのことは、軍事技術の民生技術への転換などをはじめとする多くの経済的領域において影響を及ぼすことになることも予想できた。

③ 脱統一イデオロギー化

第三に、国際政治の動態要因としての統一的なイデオロギーがもつ影響力の後退が予測できた。これは、多中心化という構造的変容の要素から導出されるものであった。かつて冷戦体制が国際システム全体を二分する双極体制として確立されていた当時、そして、そうした体制の下で両陣営が安全保障上の軍備拡張競争を中心とする争いを展開していた頃、イデオロギーは国際政治の方向を左右する重要な要因の一つであった。それは国際政治学の先駆的な論者をして、国際政治は「力」、「利益」、そして「イデオロギー」の体系であると言わせしめたほどであった。(16)

しかし、冷戦体制崩壊後の国際政治においては、イデオロギーはもはやその主要な動態要因ではなくなりつつあると考えることができた。その傾向はまた、一国レベルの統治においても妥当していた。すなわち、東欧諸国の変動過程における種々の情勢は、このようなイデオロギーがもつ国家支配の正当性根拠としての意義が著しく後退したことを示していた。これらの諸国の民衆レベルの政治活動を導出した要因は、言うまでもなくイデオロギーや信条に代わる現実の「利益」であり、当該諸国の国民がもつ「より豊かな生活水準」を求める感情にほかならなかった。個人や民族の独自の世界観を重視するこのような傾向は、ソ連の解体や東欧の分離主義にも投影されているように見えた。

4　脱冷戦システムと日米中関係の新展開

(1) 脱冷戦モデルの現実的意義

さて、以上、冷戦体制終焉の意義について検討してきたが、こうした変化は国際関係の動向に対してより具体的にどのような変化を導出させたのであろうか。重要なことは、現状の国際システムの考察を困難にしている最も大きな原因の一つが、冷戦時代の特徴が完全に消滅したわけでなく残存している状態であるにもかかわらず、そこに新しい動態要素が出現したことであり、前のシステムと次のシステムの特徴が言わば「混在」しているという事実にある。

① 国内政治と国際政治の連動性の増大

冷戦体制の崩壊にともなって、米ソ両超大国による分割統治システムたる覇権システムが崩れて国際関係が流動化した結果、まず顕在化した動態変化は、国内政治と国際政治の連動性という要素の増大である。(17)これは、脱極化の動態変化による要素である。すなわち、従来の国際システムは、米ソという親分が存在することによって、国際政治という舞台で起こった事件は東西の両陣営内および陣営外のいずれの場合にも、まずその親分が対応するという体制が整備されていた。したがって、陣営の構成諸国が瞬時にかつ直接的および独自的に国際政治現象の影響を受けることは少なかった。そこには必ず米ソという一種のクッションが存在していたのである。

しかし、脱冷戦時代の国際関係においてはそのようなクッションはもはや存在しない。ごく一部の問題領域を除いて、国際社会の構成各国は従来よりも直接的に国際政治現象の影響を受けやすくなった。したがって、国際政治の舞台で起こった事件がすぐさま国内政治の舞台に波及効果を及ぼすといういわゆる構造的相互依存がその深度を深めることとなった。

② 国際協調の増大と国際機関の役割の拡大

次に、一九八〇年代から九〇年代にかけての国際政治現象の変化に対応し、国際システムにおける対立的側面が隠れて協調的側面が顕在化するに及び、それまで以上に国際協調活動の必要性が増大し、同時に、そうした活動を企画・統括する組織としての国連やその専門機関をはじめとする国際機関の役割が拡大するという動態変化が現出した。

③ 地域主義の台頭

さらに、「極」に代わる「地域」の重要性の増大は、ASEANやEUをはじめとする地域主義の一層の台頭という要素を生み出すことになった(18)。特に、このような問題に対しては、それぞれの地域ごとに結束する狭義の国際関係たる地域主義の動向が、国際システム全体の国際関係の中でいかなる意義をもっていくのかという問題への対応が必要となる。

④ **政治と経済の連動性の増大**

また、軍事優先たる政治経済分離主義的な国際システムから政治経済融合主義的な国際システムへの転換にともない、政治と経済の連動性の増大が重要な動態変化の要素となった[19]。特に、政治と経済の「連動性」を考える際に、いわゆる政治の論理からだけでなく、経済の論理からも検討する必要があることは言うまでもない。なお、上記②③④は、脱軍事化の動態変化から導出される要素である。

⑤ **非対称的国際関係の存在とその是正**

国際システムは、先進諸国間の関係に代表される対称的関係と、先進国と発展途上国との関係に代表される非対称的な関係を構造的に抱え込んでいる。しかし、東西対立の構図は覇権システムであるがゆえに、それらの第三世界を必然的に国際システムの体制内に組み込み、いわゆる不平等の階層構造を形作っていた[20]。このようなかつての盟主たる米ソ二極を頂点とする階層構造の再編成を迫ることになった。冷戦体制の崩壊は、等の存在は放置されたままである。このような頂点不在の状況下にあって、非対称的な国際関係が存在する意義の考察とその対称化のための政策が二一世紀における世界大の規模の国際的課題であることは言うまでもない。

⑥ **民族や個人の世界観の重視**

最後に、冷戦の崩壊は、国際社会を構成する各国の体制原理や対外政策の遂行に関わるイデオロギー的な拘束性を低下させたが、それにともない、個人や民族の特殊な世界観が国際政治の重要な動態要因となる状況を生んだ。

このことは、ある国の対外政策がいかなる世界観を有する政策決定者によって遂行されるのか、他の国際社会構成国との統合や分離、対立や協調がどのような世界観を有する民族のいかなる価値観に基づいて行われるのかという要素が、従来にも増して大きな課題として認識されるべきことを意味している。(21) なお、前記⑤⑥は、脱統一イデオロギー化の動態変化による要素である。

(2) 日米中関係を把握する視点

さて、以上のような脱冷戦システムにおける具体的な変化を踏まえた上で、日本が米国や中国をはじめとする外国にどのような外交政策を展開していくべきであるのかを論じてみよう。

ここでは、まずアメリカの外交政策の方針を「世界的規模における覇権体制の維持とコストの軽減を目指す政策」と定義した上で、前記の各項目について検討する。第一に、国内政治と国際政治の連動性の増大については、アメリカは本来的に脱冷戦システムにおいてもほぼ覇権体制を維持しており、こうした現象に関する対応には実績と経験を有している。第二に、国際協調や国際機関との関係については、関係する諸外国および当該国際機関の方が問題領域にかかわらずにむしろアメリカの協力を引き出す努力をする側にある。第三に、地域主義の台頭についても、EUにしろASEANにしろ、主として通商関係の最大の相手国としてのアメリカ経済との関係を良好に保つ努力をする側にある。第四に、政治と経済の連動性の増大に関しては、アメリカはもともと産軍官の複合体制を国家の基盤としており、またその企業は世界大の規模で活動を展開している大資本が多く、市場、物流、情報などの面における優位性を有している。第五に、非対称的な国際関係の問題に関しては、アメリカは自己の覇権状況を維持するために今後もODA大国としての政策を堅持することが考えられる。最後の個人の世界観の重視という傾向については、アメリカでは多数派がナショナリズムに根差した教育や社会哲学を共有しており、いずれの政治家が大統領をはじめとする政治的リーダーとなっても、国家の重要な政策に関する本質的な差異はそれほど大きくはならないと思われる。

次に中国であるが、ここでは中国外交の方針を「地域的規模における覇権体制の確立と国際社会における国威の高揚を目指す政策」と定義した上で、前記の各項目について検討する。第一に、国内政治と国際政治の連動性の増大については、中国は脱冷戦システムにおいてアジア地域の限定的覇権体制を構築しようとする状況にあるが、かつての帝国時代からこうした地域的覇権国としての歴史的な実績と経験を有している。第二に、国際協調や国際機関との関係については、特にアジア諸国やアジア地域に関係する国際機関は、主として経済問題に関して中国の協力を引き出す努力をする立場にある。第三に、地域主義の台頭については、特に中国と同じアジア地域を地盤とするＡＳＥＡＮ諸国が通商関係の相手国としての中国経済との関係を良好に保つ努力をする側にあり、同時に、日本、韓国、台湾などの諸国が東アジア経済圏のメンバーとしての中国の存在に留意する立場にある。第四に、政治と経済の連動性の増大に関しては、中国は国家が支援する企業をアジアを中心とした地域活動へ展開させる可能性がある。第五に、非対称的な国際関係の問題に関しては、中国は自己の限定的覇権状況を確立するために、今後はそのＯＤＡ政策を再構築することが考えられる。最後の個人の世界観の重視という傾向については、中国でもアメリカ同様に多数派がナショナリズムに根差した教育や社会哲学を共有しており、いずれの政治家が政治的リーダーとなっても、国家の重要な政策に関する本質的な差異はそれほど大きくはならないと思われる。

（3）脱冷戦システムにおける日本外交の論理

昨今、経済的停滞と政治的閉塞に困窮しているイメージの強い日本ではあるが、まずもってわれわれが認識しておかねばならないことは、こうした日本社会の問題は東日本大震災のはるか以前から長きにわたって現出していたということである。それは冷戦時代が終焉して後、日本が恒常的に背負ってきた問題なのである。したがって、日本社会の停滞は震災によってもたらされたものではなく、あくまでも冷戦システムの崩壊によってもたらされたものである。「失われた二〇年」という言葉は、まさしくその事実を示している。要するに、日本にとって重要なことは、冷戦システム以後の脱冷戦システムの論理をしっかりと把握し、そこから外交政策の指針を導出する努力を遂行することにほかならない。

そこで、まず対米政策であるが、アメリカが世界大の規模における自己の覇権体制の維持と覇権コストの軽減を目的とした政策を指針とする以上は、日本は通商相手としてのアメリカ経済との関係を良好に保つために、主としてアジア地域における日本との友好関係がアメリカにとって有益であることを強く認識させる努力を展開していかねばならない。その場合に日本にとっては、確かにアメリカの外交政策に協力・追従するパートナーとしての立場を堅持することも重要な指針ではあるが、同時に、アメリカ以外の国々との国際協調を推進し、アメリカを間接的に牽制していく努力が必要である。国際機関や地域主義との連携、途上国への援助なども、そうした目的に活用できる範囲内で遂行されるべき政策であって、その目的から逸脱した余計な政策コストは節約していくべきである。

次に、対中政策であるが、中国もまた地域的な規模における自己の覇権体制の維持と国威の高揚を目的とした政策を指針とする以上は、日本は対米政策と同様にして、主としてアジア地域における日本との友好関係が中国にとって有益であることを強く認識させる努力を展開していかねばならない。その場合に日本にとっては、中国の外交政策が日本以外のアジア諸国にどのように解釈されているのかという情報の収集に努力すると同時に、中国以外のアジア諸国との国際協調を推進し、中国を間接的に牽制していく努力が必要である。ゆえに、こちらも対米政策と同様にして、国際機関や地域主義との連携、途上国への援助なども、そうした目的に活用できる範囲内で遂行されるべき政策であって、その目的から逸脱した余計な政策コストはやはり節約していくべきである。

さて、日本の対米および対中外交の指針として以上のような課題を提起したが、実はこれらの点にも増して重要な事項が、外交をはじめとする国家の諸政策に関する国民的意思としての価値判断の基準を構築することであるのは言うまでもない。

そもそもわれわれ日本国民は、かけがえのないこの祖国をいかなる国家にすべきだと考えているのであろうか。この巨大な社会思想的課題に回答するために、われわれにとって必要不可欠な思考作業上の基盤がある。それは、政治社会における事象の意義を価値判断する基準となるべき「共有された理念」である。果たしてわれわれにこの「メタファー（Metapher）」の理念が欠落していればこそ、政治家や官僚に何をさせるべきかだけでなく、自分自身が何を為すべきかの方針が不明瞭な状態のままにある。なぜなら、こうした理念の上にこそはじめて構想があり、構想の上により具体的な計画が策定され、さらにその上に政策目的の設置と優先順位の確定および政策手段の選択が行われるのが政策決定過程というものだからである。したがって、この理念なくして提案されるものは、いかなる構想も計画も政策も、全ては砂上の楼閣となってしまう。

もとより人間社会には、数多くの矛盾が存在する。富はその多くを解決するか、または解決する時期を延期させる力をもっている。経済発展は、国家の矛盾のほとんどを覆い隠してくれるのである。しかし、それを望むことがもはやおぼつかなくなった時、巷に数多くの矛盾が露呈する時代がやってくる。東北を復興させねばならないが、あまり巨額の増税を課せられるのは困る。放射能は恐いが、原発がなくなれば電力供給が減り、産業が沈滞化してしまう。与党も信頼できないが、野党も信用できない。空調利用を制限して節電したいが、使わなければ熱中症患者が増加して逆に医療施設の電気利用量を増大させてしまう、等々。

国民から主権を委託されている政府には、こうした過程で想定されるあらゆる具体的な構想と計画に関する費用と効果のシミュレーションを不断に遂行しつつ、常にインクリメンタルな政策選択を行う義務が課せられることになる。これこそが、神聖なる政治と行政の国家権力を主権者たる国民から委託された者たちの時空を超えた絶対的な使命にほかならない。しかし、国民の間に共有された確固とした理念が不在のままに大衆迎合的なオポチュニズムの政治が遂行されれば、国家の分裂か、逆に独裁を招くのは必然である。世情を賑わす政治家たちの言動が、このいずれかの傾向に偏っているのがその明白な兆候と言える。われわれ日本国民が、この事実に目覚めなければならなかった時期は、残念ながらすでに遥か遠くに過ぎて久しい。

実のところ、今次の震災を契機とする日本社会のリストラクチュアならぬリコンストラクトという作業は、いたずらに人気投票化した選挙制度によって選出されたポピュリスト政治家たちだけにまかせるには、あまりにも荷が重すぎる課題となってしまった。そして、その根底には、日本国民に「共有された理念」が欠如しているという原理的問題が横たわっていると言えよう。果たしてわれわれ日本国民は、何を良しとし、何を良しとしないのか、その政治哲学的または社会哲学的な基準をしっかりと構築・共有していくことが急務である。

5　結　論

本章では、二〇世紀から二一世紀に突入して以後の近年の国際関係が冷戦時代と比較してさまざまな側面で明らかに無秩序な状態が増加しているように感じられると同時に、それがゆえに、学術的研究の成果を通じた社会現象に対する説明能力や予測可能性も比較的減少しているように思われるという認識を土台として、それが冷戦システム崩壊後の脱冷戦システムを把握しきれていないことに起因すると仮定した上で、まず冷戦システムの論理と脱冷戦システムの論理をモデリングした後、そこから導出される現象変化に対応して日本が米国や中国に対してどのような外交政策を展開していくべきかを論じた。そこでは、対米政策および対中政策を日本にとって有利に展開していくために、アメリカや中国以外の国々との国際協力を緊密にしていく目的で国際機関、地域主義との関わりやODA政策を見直すなどの指針が提示されたが、最も重要な課題として、国民意識としてのメタファーのレベルにおける価値判断の基準を構築する必要性が指摘された。

古来より、人間が時間の経過とともに自分たちの社会がどのように変化していくのかを予測する試みは数多く行われてきたが、それがあらゆる要素について的中する場合は言うまでもなく稀少であった。多くの歴史的事例は、一方では一部の予想が的中するとともに、他方ではその予想の幾許かが外れてきたことを示している。もちろん、政治学であると経済学であるとを問わず、社会科学の歴史とは、現実の政治現象や経済現象を説明する論理を探究するための思考作業を通じて、ひいてはそれが将来の予測にも役立つことを期待して積み重ねられてきた研究成果の蓄積にほかならない。しかし、その期待が完全な形で実現されることは今もって遥か頭上の目標であり続けている。ましてや、その研究対象が国際関係のような時空的に大きな題材であればなおさらである。

ところで、こうした巨大な対象を取り扱う研究活動において方法論的に重要なポイントは常に二つである。第一に、ミクロ的な各国・各地域・各問題領域別の詳細な議論と併行して、マクロ的な国際関係全体を視野に入れた概略的な議論を展開し、相互の研究成果を組み合わせて研究を遂行することであり、第二に、こうした理論的な研究とともに実証的な研究を遂行することである。特に、日本ではよりミクロ的かつ実証的な研究に比重が置かれる傾向が強いため、今後はよりマクロ的かつ理論的な研究を高揚させる努力が急務であると考えられる。

注

(1)　本章は、石井（1992①）の議論を加筆・修正したものである。なお、ほぼ同時代に同種の議論を展開した業績として、Williams（1989）、Fukuyama（1989）、Hough（1989/90）、Czempiel and Rosenau, eds.（1989）などがあった。

（2）覇権システムに関する議論については、Gilpin（1981）および Liska（1967）などの業績があった。

（3）国際システムが時間的および空間的にこれらの種々のシステムとしての側面をもつことを最初に指摘し、分析モデルを提示したのは、Kaplan（1957）であった。

（4）双極システムとしての冷戦体制については、Waltz（1979）など、冷戦システムが国際秩序として機能していたという指摘としては、Gaddis（1987）などの業績があった。また、双極システムは経済学で言う「複占（Duopoly）」の状態によく似ている。双極システムとしての冷戦は、二つの巨大な資本力をもつ大企業が支配する一つの産業の中でそれぞれの親企業の傘下に多数の子会社や下請け企業が参集し、親企業の意向が傘下の企業の動向を制御し得るような産業組織の形態と同様のシステムだったと考えられるのである。ここでは、製品の生産量や価格、それに基づいた生産と販売の規模、労働力の需要量などが、二つの巨大資本の対峙という枠組みの中で決定されるからである。

（5）ソ連のブレジネフ書記長によって唱えられたものであり、社会主義陣営全体の利益のためには、個別の社会主義国家の利益が犠牲になる場合もあり、「主権の制限」をともなう場合もあり得ることを意味している。

（6）単極システムは、経済学で言う「独占（Monopoly）」の状態とよく似ている。一つの産業が一つの巨大な資本を有する大企業によって支配されている構図であり、ここでは傘下の子会社や下請け企業が役割の重要度によって階層的に組織化されている状態と考えてよい。生産量や価格などは、独占企業の意向によって一元的に決定されるのである。

（7）国際公共財をめぐる議論については、Kindleberger（1981）、Kindleberger（1986）、石井（2011）などの議論を参照。

（8）国際政治が強制性とともに非強制性の要素をもっていることを先駆的に指摘したのは「国際統合理論（International Integration Theory）」の論者であった。議論の原典として、Haas（1964）を見よ。また、非強制性の要素を分析対象として認識した先駆的な議論として、Keohane and Nye（1977）および Keohane（1984）、石井（1991）などがあった。

（9）この概念は、Frank（1969①）や Cardoso（1979）または Chase-Dunn（1981）などの従属論や世界システム論を唱えた論者によって指摘されたものであるが、「多極システム」という概念でとらえる場合には近代経済学的な考え方によっても説明できる。すなわち、これは経済学で言う「寡占（Oligopoly）」の状態とよく似ている。巨大資本を有する複数の大企業が一つの産業を支配しているような構図であり、傘下の中小企業はその一角に食い込もうと虎視眈々と懸命に努力をしてはいるがその壁は厚く、なかなか打ち破れないといった状態であると考えられる。その意味では、少なくとも上記二つの状態に比べて最も流動的であり、同時に最も活発な経済活動が行われる状態である。ただし、ここでも、生産量や価格は一部の大企業の意向に大きく左右されながら決定されるのである。

(10) 世界システム論の原典として Wallerstein (1979) を挙げておく。
(11) 極中心思考 (polar centric conceptualization) は、冷戦時代を通じての当然の「与件」であった。
(12) いわゆる「低次元の政治」としての経済的問題領域と、「高次元の政治」としての軍事安全保障的問題領域のランキングである。
(13) 共産主義社会の倒壊やその原因については、Kornai (1980)、Kornai (1982)、Kornai (1985, 1986)、Kornai (1990)、野尻 (1991)、石井 (1992②) などの業績があった。
(14) ここで言う「政策」という概念は、現状 (認識) と理想 (規範) のギャップを埋めるための「方策」または「対策」という意義をもっている。したがって、いわゆる米国流の「政策科学」的な方法論、および現代経済学 (特に厚生経済学) などで使用されている「政策論を含めた『規範理論』」という概念の使用法に影響を受けたものである。例えば、先駆的業績としての Dror (1971) などを見よ。なお、国際政治における規範的な意義を国際システムの秩序という視点から考察した業績は少ないが、例えば、Beitz (1979) などの稀少な業績もあった。
(15) 国際政治学における「極中心思考」からの脱却を論じた業績として、進藤 (1982) があった。
(16) 例えば、Morgenthau (1969) および Hoffmann (1960) など。
(17) 国内政治と国際政治の連動性という概念については、Krasner, ed. (1983) などに代表されるいわゆる「国際レジーム (International Regime)」の構築を提唱した議論にも取りいれられていた。
(18) 地域主義については、新機能主義以外にも Deutsch (1966) などの安全保障的な側面からの業績もあった。
(19) いわゆる「国際政治経済学」や「対外政策における経済的資源の活用」といった議論の先駆的な業績として、Spero (1990)、Gilpin (1987)、Strange (1988)、Frey (1984)、Baldwin (1985) などを挙げておく。
(20) 例えば、Galtung (1971) や Myrdal (1957) および George (1989) などの先駆的な業績があった。
(21) 政治的リーダーの世界観や性格が政策に及ぼす影響については、石井 (2010) などを参照。

第Ⅰ部　数理モデルによる理論化

第1章　国際システムの理論

1　問題の所在

(1) はじめに

本章の目的は、国際システムの形態と「国際公共財（International Public Goods）」の需給関係との論理的な関連性を「クールノー均衡（Cournot Equilibrium）」の手法を使ってモデリングし、その枠組みを用いて「ネオ・リアリズム（Neo-Realism）」の国際政治理論を解釈することにある。[1] その背景には、国際システムの動態を生み出すメカニズムと国際公共財の需給関係が密接な関連を有しており、その均衡が国際システムを安定化させる可能性があるという認識が存在している。

本章では、まず「単極システム（Uni-Polar System）」における国際公共財の需給構造をモデリングし、ついで「双極システム（Bi-Polar System）」における二つの超大国による需給構造についてモデリングした上で、両者を比較検討する。[2]

なお、議論の前提として、ここでは特に断りがない限り国際公共財の供給国および需要国のいずれの設備や技術も変化しないと考える。したがって、本章の議論は原則として短期分析である。また、社会的に望ましい国際公共財の供給水準それ自体を論ずることも別の機会にゆずる（いわゆる「パレート効率（Pareto Efficiency）」をめぐる議論）。また、ここでクールノー均衡の手法を用いる理由は、第一に本章で想定している国際関係における国際公共財の供給活動が「非協力ゲーム（Non-Cooperative Game）」であり、かつ基本的に相手の戦略が前もって分からない「同時ゲーム（Simultaneous Game）」であるため、その最適戦略の組み合わせである「ナッシュ解（Nash Solution）」がモデルの均衡値となるからである（シュタッケルベルグ均衡（Stackelberg Equilibrium）ではない）。また第二には、国際関係における国際公共財の需給関係に関わる戦略変数は供給量＝生産量となる可能性が大きく、需要主体である諸国家は供給主体である大国に対して相対的に弱体であるため、それが「忠誠度＝価格（後述）」となる可能性が低いからである（ベルトラン均衡（Bertrand Equilibrium）ではない[3]）。

（2）分析的枠組み

まず、本章の議論を明確にするため、下記六つの概念を以下のように定義する。

① 国際システムの動態と安定

国際社会は多数の国家によって構成され、構成国間の「外交政策（Foreign Policy）」によって動態する「社会システム（Social System）」であり、これを「国際システム（International System）」と呼ぶ。

②　国際公共財

国際関係における「非排除性（Non-Exclusiveness）」と「非競合性（Non-Rivalness）」の双方またはそのいずれか一方の性格を有する財・サービスを国際公共財と呼ぶ。[4] 一般的には、他国に比して軍事力、経済力、政治力、文化力、エネルギー・食糧などの資源占有力の優越性を有する大国が、他国に対して供給する国際秩序のための諸資源である。より具体的には、地球環境や世界平和、公正な通商関係、国際的な交通網など、その便益が全世界の人類や複数の国や地域に所属する人々によって享受される財やサービスである。したがって、単に物的・人的な資源だけにとどまらず、国際法や国際機関、開発のための経済援助、通商関係の統括、国際平和のための安全保障、国際協力のための各種の「レジーム（Regime）」のように国際公共財を供給する制度的枠組みおよびその形成力も国際公共財という概念に含む場合が多い。[5] 本章の議論では、特に前提として断りがない限り、原則として国際公共財を純粋国際公共財だけではなく準国際公共財の意味をも含む融通を利かせた概念として用いる。したがって、具体的な事例のどれをどの公共財の種類に分類するかを論ずるのは別の機会にゆずるが、ここではどちらかといえば「制度的」な要素よりも、より「具体的かつ物的・人的」な財・サービスを意味する概念として理解する。

③　国際公共財の供給

こうした国際公共財は、特定の供給国の利益を越えたいわゆる「正の外部性（Plus Externality）」が大きいがゆえに、市場システムに任せては過小供給になりがちとなる。[6] また、国際公共財を供給できるような強力な国力を有する国は限られている。したがって、供給に対する意思と能力を有する大国による供給活動が必要となる。なお、どの程度の量の国際公共財を提供するかおよびどの程度の忠誠度（後述）を要請するかは供給国に決定権がある。経済学的にいえば、国際公共財の「生産量（Products）」に相当する。

④　**国際公共財の需要**

国際公共財の需要国が、供給国を外交政策によって支持する度合いを「忠誠度（Degree of Loyalty）」と呼ぶ。経済学的にいえば、国際公共財一単位を獲得するのに必要な「価格（Price）」に相当する。需要国の要請に応える国際公共財の供給を成し得る大国ほど、より多くの諸国の支持を獲得できるが、なお、どの程度の忠誠度を要請するかは供給国に決定権がある。

⑤　**単極システム**

国際公共財が他国を圧倒する力をもった単一の超大国によって供給される国際システムの状況を単極システムと呼ぶ。これは、国際政治学的にいえば単一の超大国による覇権体制と同義と考えることが可能であり、同時に、経済学的にいえば「独占市場（Monopoly Market）」に相当させることが可能であろう。

⑥　**双極システム**

国際公共財が他国を圧倒する力をもった二つの超大国によって供給される国際システムの状況を双極システムと呼ぶ。これは、国際政治学的にいえば二大国による「冷戦体制（Cold War System）」と同義と考えることが可能であり、同時に、経済学的にいえば「寡占市場（Oligopoly Market）」の形態の一種としての「複占市場（Duopoly Market）」に相当させることが可能であろう。

同様にして、以下の三つの仮定を設置する。

仮定ⓐ　国際システムは、国際公共財を供給する意思と能力を有する単一または少数の大国と、国際公共財を供給できる能力をもたず、これに対する需要を有し、その便益を享受する多数の諸国によって構成されている。

仮定ⓑ　国際公共財の需要国は供給国に対し、その供給量に応じて外交政策を通じた忠誠度を示す。需要国はできるだけ少ない忠誠度で国際公共財を供給してくれる大国からそれを獲得するように行動する。また、国際公共財の供給国は需要国に対し、その忠誠度に応じて国際公共財の供給量を決定する。供給国はできるだけ多数の諸国から可能な限り多くの忠誠心を獲得するために自己の利益を最大化させるように行動する（いわゆる合理的行為者モデル）。

仮定ⓒ　国際システムは、国際公共財の需要に応じてスムーズな供給が成されている時に安定し、それが停滞する場合に不安定となる。換言すれば、国際公共財の需給関係が均衡している時に安定し、それが不均衡になると不安定となる。

2　単極システムの動態と安定

さて、単極システムとは、いわゆる覇権国による国際関係の統括、すなわち覇権体制に該当する国際システムである。ここでは、国際公共財は単一の超大国によって供給される。また、他国はその超大国から国際公共財を供給され、当該国に対して外交政策上の支持を与えて忠誠心を示す。したがって、超大国は、自己の利益である他国の忠誠度が最大になるまで国際公共財を供給し、それが当該国の需要と一致する点が最適な忠誠心の度合いとなる（ミクロ経済学の用語でいえば独占市場における均衡値である）。また、こうした論理を国際政治理論の文脈から考えると、いわゆるネオ・リアリズムまたは「国際政治経済学（International Political Economy）」の議論の一種に分類されるロバート・ギルピン（Robert Gilpin）などに代表される「覇権安定論（Hegemonic Stability Theory）」に該当させることが可能であろう(7)。

（1）数理モデルによる定式化

正確を期すために、以上の論理を定式化しておく。ここで、国際公共財の供給量をS、国際公共財一単位を獲得するために必要な需要国の忠誠度をL、Cを総費用、Rを総収入、Iを利潤とすると、

$$S=S(L)$$
$$L=L(S)$$

の関数および逆関数を得る。また、利潤は総収入から総費用を差し引いたものであるため、

$$SL-C(S)=I$$

となる。ここで、$SL=R(S)$ または$L(S)S$であるため、

$$R(S)-C(S)=I$$

ゆえに、Iの最大化条件は、上記をSについて微分して0とおくことで得られる。すなわち、

$$dI/dS = dR/dS - dC/dS = 0 \quad (2\text{-}1)$$

ゆえに、dR/dSを限界収入MR、dC/dSを限界費用MCと表記すれば、(2-1) 式は$MR - MC = 0$となり、

$$MR = MC \quad (2\text{-}2)$$

を得る。なお、ここで限界費用とは、国際公共財の供給量を一単位増加させるのに必要な忠誠心の量である。すなわち、供給量が少なければ限界費用は大きくなり、それが大きければ「規模の経済（Scale Merit）」が機能して小さくなる。したがって、限界費用曲線は、事実上の供給曲線となる。つまり、単極システム型の国際関係における支配者である覇権国の利潤最大化条件は、限界収入（曲線）と限界費用（曲線）が等しい点（交点）となる。

また、限界収入曲線を求めるには、総収入関数$R = L(S)S$をSについて微分すれば良い。

$$dR/dS = L(S) + dL/dS \cdot S = MR \quad (2\text{-}3)$$

ここで、$dL/dS < 0$および$L(S) < 0$であるため、上記はSに関する減少関数となり、このSとLのトレード・オフ関係から右下がりの曲線であることが判明する。

（2）図解による定式化

図1-1は、縦軸に国際公共財一単位あたりの獲得に必要な利潤最大の忠誠度L、横軸に利潤最大の供給量Sをとり、需要曲線DD、限界費用曲線MC、限界収入曲線MRを描きこんだものである。MRがMCと交差する点に

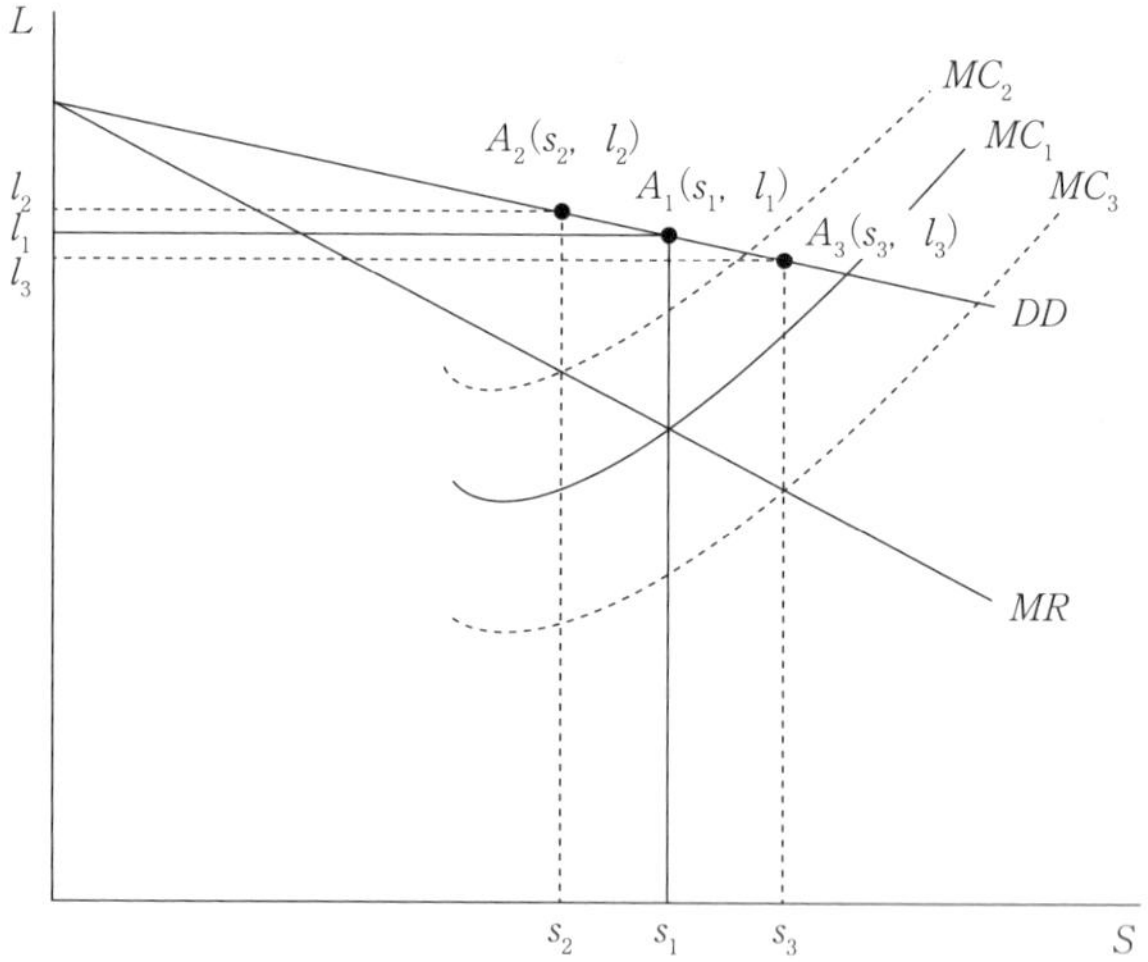

図1－1　単極システムにおける国際公共財の需給関係

対応する DD 上の点 $A_1(s_1,\ l_1)$ が、覇権国が利潤を最大化させる供給量およびそれに対応して覇権国が各国に要請する忠誠度を表している（いわゆる「クールノーの点（Cournot's Point）」）。以上、いずれも標準的な経済学のテキストでよく見慣れた独占市場の構図である。

今ここで、仮に過去の歴史的経験の学習的産物として限界費用曲線 MC_1 が MC_2（増加）または MC_3（減少）へとシフトした場合には、上記の点 A_1 がそれぞれ A_2 または A_3 へと移動するため、それに合わせて s_1 は s_2 または s_3 へ、l_1 も l_2 または l_3 へと変化する。前者では忠誠度は増大し、供給量は減少する。これは、供給国の利益を増大させるが、需要国に不利となり、その不満を増大させる。また、後者の場合には忠誠度は減少するが、供給量は増大する。これは逆に、需要国の利益を増大させるが、供給国に不利となり、その不満を増大させる。すなわち、MC の増減のいずれもが、需給両国のそれぞれに不満を増大させる要素となり、したがって、システムの不安定化を招く。この点において、単極システムは後述する双極システムに対して比較的不安定な国際システムであるといえよう（次節参照）。

なお、前記（2-3）式を

$$MR = L\,(1 + dL/dS \cdot S/L)$$

に変形した後、$e = -dS/dL \cdot S/L$ を忠誠度の弾力性として上記に代入して $MR = L\,(1 - 1/e)$ とした上で、さらに $MR = MC$ を代入して $1/e$ について整理すると、

$$1/e = L - MC/L \qquad (2\text{-}4)$$

を得る。この値が大きいほど、覇権国の国際システム支配度が増大することを意味する（需要の価格弾力性の逆数＝いわゆる「ラーナーの独占度（Lerner's Degree of Monopoly）」）。

加えて、国際公共財の供給活動は「初期費用（Initial Cost）」が甚大であり、「埋没費用（Sunk Cost）」が大きくなる可能性が高いため、その参入障壁の高さから国際関係においてはいわゆる「自然独占（Natural Monopoly）」としての覇権体制を導出しやすくなる要因の一つと考えられる。ただし、覇権国の外交関係や国際世論などの圧力によってそれが緩和されれば、要請される忠誠度は適当な量に維持される可能性が高く、いわゆる「競争可能性（コンテスタビリティ：Contestability）」が機能する期待がもてる。また、現実の国際関係においては、単極システムにおける覇権国による国際公共財の供給は、その継続による負担が事実上覇権国の獲得する利益に相当な圧力をかける状態となった後にも、いわゆる「コンコルド効果（Concord Effect）」によって一定期間は硬直性を有し、持続する傾向があると考えられる[8]。国際公共財の供給を停止することは、覇権国としての存立基盤たる活動の「失敗」を公式に認めることとなり、そこでは政策決定要素として「経済の論理（Logic of Economy）」を超えた「政治の論理（Logic of Politics）」が強く作用するからである（「非合理的（Non-Rational）」または「非市場的（Non-Marketable）」な活動の可能性）。

3　双極システムの動態と安定

次に、双極システムとは、二つの超大国による国際関係の統括、すなわち冷戦体制に該当する国際システムである。ここでは、国際公共財は二つの超大国によって供給される。また、他国はこれらの超大国のいずれか一方より国際公共財を供給され、当該国に対して外交政策上の支持を与えて忠誠心を示す。したがって、両超大国は、各自の利益である他国の忠誠度が最大になるまで国際公共財を供給し、それが他国の需要と一致する点が最適な忠誠心の度合いとなる（ミクロ経済学の用語で言えば「複占市場」における均衡値である）。また、こうした論理を国際政治理論の文脈から考えると、それが非協力的な双極システムであればケネス・ウォルツ（Kenneth N. Waltz）に代表されるネオ・リアリズムまたは「構造的リアリズム（Structural Realism）」の双極構造の議論に相当させることが可能であり、また、協力的な双極システムであればロバート・コヘイン（Robert O. Keohane）に代表される「ネオ・リベラリズム（Neo-Liberalism）」または「ネオ・リベラル制度主義（Neo-Liberal Institutionalism）」の国際協調（International Cooperation）の議論に該当させることが可能であろう[9]。いうまでもなく、ここでは冷戦体制のような非協力ゲームを想定しているため、前者とのアナロジーを論じていることとなる。

（1）数理モデルによる定式化

正確を期すために、以上の議論を定式化しておく。重ねていうが、ここでは両国が非協力的なシステムとしての冷戦体制＝複占を念頭においた理論化を試行する。まず、A国の費用曲線 $C=AS_1$、B国の費用曲線 $C=BS_2$、市場の需要曲線 $D=B-A(S_1+S_2)$ とすると、両国の利潤は以下のように表記できる。

A国の利潤：$I_1=(B-A(S_1+S_2))S_1-AS_1$

B国の利潤：$I_2=(B-A(S_1+S_2))S_2-AS_2$

ただし、ここでは戦略的要素を加味しない均衡分析であるため、S_1 および S_2 はそれぞれの式で定数となっている。

$$dS_1/dS_2=0$$

$$dS_2/dS_1=0$$

すなわち、A国はB国が供給量を増加させないと仮定するとともに、B国もA国がそれを増加させないと仮定する（いわゆる「クールノーの仮定（Cournot's Assumption）」）。したがって、最大化条件は、I_1 を S_1 で微分するとともに、I_2 を S_2 で微分することで得られる。

$$dI_1/dS_1=(B-A)-A(2S_1+S_2)=0 \quad (3\text{-}1)$$

$$dI_2/dS_2=(B-A)-A(S_1+2S_2)=0 \quad (3\text{-}2)$$

前記（3-1）および（3-2）両式を整理して反応関数を求めると、

$$2S_1+S_2=B/A-1$$

$$S_1+2S_2=B/A-1$$

となる。これがA国およびB国それぞれの最大化条件である。また、上記連立方程式を解き、

$$S_1 = 1/3(B/A - 1) \qquad (3\text{-}3)$$

$$S_2 = 1/3(B/A - 1) \qquad (3\text{-}4)$$

を $L = B - A(S_1 + S_2)$ に代入すると、

$$L = B - A(1/3(B/A - 1) + 1/3(B/A - 1))$$

$$= B - 2/3A(B - A) \qquad (3\text{-}5)$$

となり、この(3-3)(3-4)(3-5)が均衡条件となる（いわゆる「クールノー解（Cournot's Solution）」）。つまり、双極システム型の国際関係における支配者である超大国の利潤最大化条件は、単極システムにおける覇権国と同様にして、やはり限界収入（曲線）と限界費用（曲線）が一致する点（交点）となる。

(2) 図解による定式化

図1-2は、縦軸に国際公共財一単位あたりの獲得に必要な利潤最大の忠誠度L、横軸に国際公共財の供給量Sをとり、A国が要請する忠誠度の変化にB国が無反応な需要曲線dd'、A国が要請する忠誠度の変化にB国が反応する需要曲線DD、限界費用曲線MC、限界収入曲線MRを書き込んだものである。図1-1と同様にして、標準的なミクロ経済学のテキストでよく見慣れた寡占市場の構図にほかならない。A点を境として、左方ddは一方の超大国の忠誠度の要請に他方の超大国が追随しない時の前者の需要曲線であり、右方DDは追随する場合のそれである。需要の反応は左方では大きく（傾き小）、右方では小さい（傾き大）。

この屈折需要曲線はLとSを決定する点$A_1(s_1, l_1)$において微分不可能であることを表し、したがって微分係

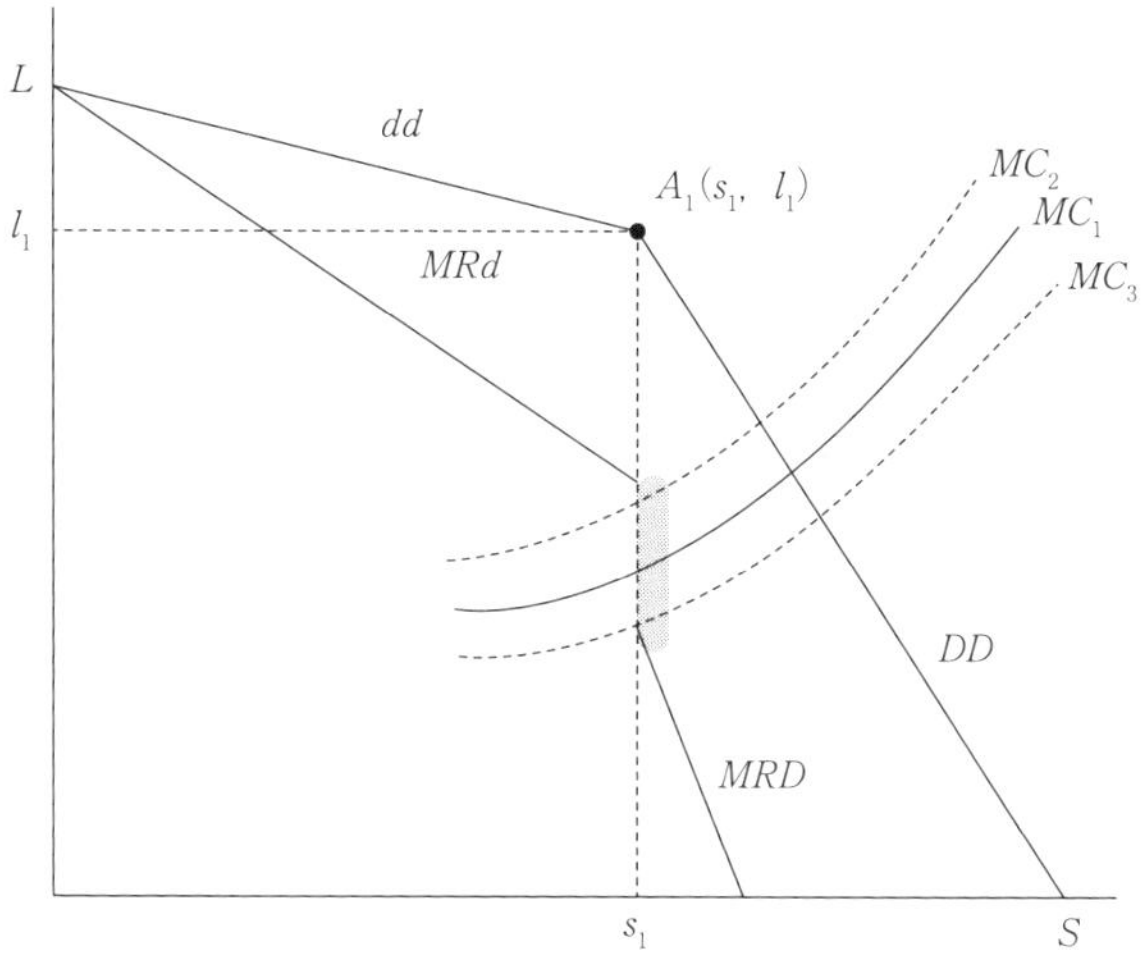

図1－2　双極システムにおける国際公共財の需給関係

数が異なるために導関数は不連続となる。また、限界収入曲線 MR（図中の MRd および MRD）＝$L+dL/dS \cdot S$ であり、限界費用曲線 MC がこの不連続部分を通る限り L も S も同値に保持されて硬直的となる。すなわち、ここでは需要曲線が屈折しており限界収入曲線 MR が不連続であるがゆえに、国際公共財の供給量およびその獲得に必要な忠誠度のいずれも現状のまま維持される。

より詳細にいえば、今ここで仮に過去の歴史的経験の学習的産物として MC_1 曲線が MC_2（増加）あるいは MC_3（減少）へ変化しても、屈折需要曲線のおかげで l_1 および s_1 ともに何らの影響もなく硬直的となる。したがって、国際公共財の需給両者の双方ともにシステムに対する不満の量に変化はなく、安定化する。この点において、双極システムは先述の単極システムに比べて比較的安定性を有する国際システムであると考えられる。

加えて、現実の国際関係においては、双極システムにおける二つの超大国による国際公共財の供給は、単極システムの場合以上に、その活動の負担が事実上両国の獲得する利益に相当な圧力をかける状態となった後にも、やはり一定期間は硬直性を有し、損失を覚悟で持続する傾向があると考えられる。いずれか一方の国が国際公共財の供給を停止または減少させることは、ライバル国に対する「敗北」を意味し、そこでは単極システムの場合以上に、「経済の論理」を超えた「政治の論理」が決定的に重要な政策決定要素となるからである。(10)

4　結　論

本章では、国際公共財の円滑な供給が国際関係を安定させる要素ではないかとの認識に基づいて、単極と双極の国際システムが安定化するための均衡条件を論じた。

まず単極システムでは、単一の覇権国が国際公共財を供給して諸国の忠誠心を獲得する体制が安定化するための条件を論じた。次に双極システムでは、二つの超大国が国際公共財を供給して諸国の忠誠心を獲得する体制が安定化するための条件を論じた。最後に、以上のモデルを図式化して比較検討すると、双極システムでは屈折需要曲線による忠誠度ならびに供給量の硬直性が存在するがゆえに、単極システムよりも比較的安定的に国際公共財の供給活動が行われる可能性があると考えられた。

なお、本章の課題は、第一に、単極システムと双極システムの相互連動性の論理を明確化し、その動学化を試みること、すなわち、覇権国の衰退と挑戦国の興隆の過程に関する議論を整備することと、第二に、協力ゲーム下における国際公共財の需給関係を定式化すること、すなわち、ネオ・リベラリズムまたはネオ・リベラル制度主義＝国際協調主義の論理を同種の概念を用いて定式化することの二つである。こうした議論によって、いわゆる「ネオ・リアリズム統合（Neo-Realism Synthesis）」の議論をより厳密に定式化していくことが期待できる。(11)

注

（1）市場の均衡分析の手法は、マンキュー（2005）などの標準的なミクロ経済学のテキストに紹介されている。また、現代国際政治理論の概観を把握するためには、信夫（2004）や石井（2002）などが有用である。

（2）古典的な国際政治学の時代に興隆したいわゆる「国際システム論」の概念であり、Kaplan（1957）が先駆的な業績として名高い。

（3）ゲーム理論については、鈴木（1973）や Neuman and Morgenstern（1944）などが有用である。また、「ナッシュ解」については、Nash（1950①）、Nash（1950②）、Nash（1951）などを参照。

（4）公共財に関する議論については、マスグレイブ（1961）、Musgrave（1969）、Musgrave and Musgrave（1984）、オルソン（1981）、常木（2002）などを参照。また、国際公共財に関する議論については、大山（1988）、飯田・大野・寺崎（2006）、Sandler, Loehr and Cauley（1978）、Kindleberger（1986）、重本（2009）などを参照。

（5）特に、前者を純粋国際公共財（Pure International Public Goods）、後者を準国際公共財（Quasi International Public Goods）として区別することが可能である。最近では、自然環境の保全技術なども含めた広義の用法もある。また、供給されている国際公共財から受ける便益に見合う忠誠度を外交政策において示さない国はいわば「ただ乗り国（Free Riding Nations）」と呼ぶことができる。なお、準国際公共財には、例えば当該条約に加盟している諸国のみがその便益を享受できる「国際クラブ財（International Club Goods：排除性が高く、競合性が低い財）」や、地球環境や南極資源のように国力の優劣によってその便益享受に格差が生ずる「国際コモンプール財（International Common Pool Goods：競合性が高く、排除性が低い財）」が考えられ、特に後者は、その「開放性（オープン・アクセス：Open Access）」としての性格からいわゆる「コモンズの悲劇（Tragedy of Commons）」を生起させやすい財となるであろう。なお、クラブ財という概念を用いた業績としては、Corns and Sandler（1988）などがあり、グローバル・パブリック・グッズという用語を使っている業績として、Kaul, Grunberg and Stern, eds.（1999）などがある。また、コモンズの悲劇については、Hardin（1968）を見よ。

（6）Samuelson（1954）の議論による。

（7）国際政治経済学の中で、経済学的手法を駆使した業績としてはフライ（1996）を、政治学的視座からの業績としてはストレンジ（1994）を、また、近年の業績としては、Ravenhill（2008）などを挙げておく。また、覇権理論については、キンドルバーガー（1984）、キンドルバーガー（2002）、Gilpin（1981）などを参照。

（8）埋没費用、コンコルド効果、コンテスタビリティなどの概念については、Sutton（1991）、Arkes and Ayton（1991）などを参照。

（9）ネオ・リアリズムの議論については、Waltz（1959）、ウォルツ（2010）、Waltz（2008）などを参照。また、ネオ・リベラリズムやネオ・リベラル制度主義の議論については、Krasner, ed.（1983）、Keohane and Nye（2001）、コヘイン（1998）、Keohane, ed.（1986）、山本（2008）などを参照。

（10）こうした新制度学派経済学の論理については、Coase（1960）、コース（1992）、菊澤（2006）、ウィリアムソン（1980）、ハーシュマン（1975）、Olson and Zeckhauser（1966）などの議論を参照。ちなみに、類似の国際公共財を供給できる国が複数存在するとともに、需要国も多数存在するが、各供給国はそれぞれ複数の需要国を統括するブロックを有し（独自の需要曲線を有する）、したがって、需要国は供給国から要請される忠誠度が変化しても即座に他のブロックへ移動することがないシステムは「ブロック・システム（Block System）：排他的需給体制」と呼ぶことができる。ミクロ経済学の用語でいえば「独占的競争市場（Monopolistic Competition Market）」に相当し、ここでも「経済の論理」よりも「政治の論理」が強く作用することが考えられる。

（11）ネオ・リアリズム統合の議論については、Keohane（1989）やKeohane（2002）などを参照。ちなみに、国際公共財が他国と比較して相対的に強力な国力を有する相当なる複数の大国によって供給される国際システムの状況は「多極システム（Multi-Polar System）」と呼ぶことができる。これは、国際政治学的にいえば主要国による「勢力均衡（Balance of Power）」または国際協調体制と同義と考えられ、経済学的にいえば寡占市場に相当し、これが前者（非協力ゲーム）である限り、本章で提示した複占システムと同種の性質を有するシステムであると考えられる。すなわち、多極システムにおいては、国際公共財は複数の大国によって供給される。また、他国はこれらの大国のいずれかより国際公共財を供給され、当該国に対して外交政策上の支持を与えて忠誠心を示す。したがって、諸大国は、自己の利益である他国の忠誠度が最大になるまで国際公共財を供給し、それが他国の需要と一致する点が利潤最大化の視点から考えて最適な忠誠心の度合いとなる（ミクロ経済学の用語でいえば寡占市場における均衡値である）。

　こうした論理を国際政治理論の観点から考えると、それが排他的または非協力的な多極システムであれば古典的なリアリズム型の勢力均衡となり、協力的な多極システムであればリベラリズムまたはネオ・リベラリズム型の国際協調に該当すると考えられる。多極システムにおける国際公共財の供給が大国間の協力的な国際協調によって行われる場合には、いわゆる「リンダール・メカニズム（Lindahl Mechanism）」に基づき、「交渉（Negotiation）」によって費用負担の割合を決めて適切な供給がはかられる可能性があるが、やはり虚偽の情報を提示するただ乗り国の発生を完全に防止することは不可能である。また、国連のような場で国際世論の国際公共財に対する評価が多数決によって選ばれる場合には、いわゆる「公共選択論（Public Choice）」の議論を援用して考察すると、「ボーエンの投票モデル（Bowen's Model of Voting）」における「中位投票者仮説（Medium Voter Hypothesis）」の論理に基づいて、その供給量が社会的に適切となる期待がもてるが、各国が国益を追究する国際関係においてはその結果が必ずしも望ましいものになるという保証はない。ただし、多極システムにおける国際公共財の供給は、その活動の負担が事実上供給国の獲得する利得に相当な圧力をかける状態となった後には、単極システムや双極システムと比較して、よりスムーズな「撤退」または「新規参入の停止」が行われる可能性がある。そこでは、「政治の論理」に比べて「経済の論理」が前面に出るからである。

第2章　外交資源の理論

1　問題の所在

本章の目的は、第一に、国家の外交資源（Resources of Diplomacy）を構成する要素として経済力（Economic Power）とともに軍事力（Military Power）が重要であることを検討し、第二に、これら二つの要素に関するモデリングを通じた理論的検討を遂行しつつ、外交資源を充実させるためには経済力だけでなく軍事力の拡充も必要であることを認識した上で、第三に、こうした議論を土台としてわが国の外交への政策的提言を遂行することにある。なお、このような問題意識の背景には、新しい時代に突入した現在と将来の国際関係を安定的なシステムとする作業にわが国が貢献するためには、アジア・太平洋地域においていわゆる「日中冷戦体制（Japan-China Cold War System）」を確立する必要があるとの認識が存在している(1)。

近年、アジア・太平洋地域においては、経済的なグローバライゼーションと政治的なナショナリズムの傾向がますます顕著になってきている。前者はＴＰＰ（Trans-Pacific Partnership：環太平洋戦略的経済連携協定）に代表される通商関係の動向であり、後者は日中・日韓関係の悪化や北朝鮮問題などに代表される安全保障分野の動向である。こうした情勢変化の背景には、国内の長期的な厭戦気分と国防予算の削減にともなって「世界の警察官」としての役割を放棄し、いわゆる「ヘゲモニー型（Hegemonic Stability System）」から「勢力均衡体系（Balance of Power System）」または「バランサー型（Balancer System）」への覇権体制の転換をはかるアメリカのオバマ（Barack Hussein Obama II）政権の外交理念があり、国際社会におけるアメリカの軍事的プレゼンスが相対的に後退したために、アジア・太平洋地域における軍事大国としての中国の影響力が相対的に高まったという事情が存在している[(2)]。また、このような傾向は、ヨーロッパ諸国に対するロシアの威圧力の拡大や中東地域における武装勢力の拡大という問題の同時多発的な生起にも見られ、今や世界大の規模におけるシステム再編の時代が到来している。

こうした国際環境の変化にともない、従来、主として経済力に頼る安全保障体制を構築してきたわが国を取り巻く根本的な条件は消滅し、自己の外交資源として経済力とともに軍事力の必要性を論ずるべき時代が到来したと言える。以上のような問題意識に基づき、本章では、新しい時代における日本の外交資源として経済力とともに軍事力が必要であることを理論的に検討しつつ、その成果を土台として来るべき日中冷戦時代へ向けての政策的提言を遂行する。

2　軍事力と経済力の相互作用

(1)　経済力万能神話の消滅

一九世紀末、欧米列強による植民地化という時代潮流に抗するために、わが国は軍事力の強化と経済力の拡大を二大方針として採用し、自国の近代化のための努力を推進してきた。以後、このような経済力による軍事力の充実と軍事力による経済力の拡大という政策理念は、近代日本の国家的基盤を支える最も重要な政策として遂行されてきた。いわゆる「富国強兵」と「殖産興業」である。しかし、太平洋戦争の敗戦により、軍事力の強化は後方の従属的な地位に追いやられ、経済力の拡大をして最優先事項たる国家政策として位置づけられるような方針転換を余儀なくされた。いわゆる日本国憲法による「戦争放棄」の規定である。以来、今日に至るまで、主として通商政策の拡充による経済発展の実現は、平和国家としてのわが国の国際的なスタンスを確立するためのおよそ唯一にして最強の施政方針となった。いわゆる経済力を主たる外交資源とする「吉田ドクトリン」の誕生である。ここに、冷戦体制という史上稀有な国際情勢の中にあって、軍事力を用いた国防負担の多くを覇権国たるアメリカに依存するという特異な安全保障体制の下、自国の主たる政策的な関心をもっぱら経済力の拡充に専心できる特殊な国家が誕生したのである。

その後、高度成長期を経て経済大国となったわが国は、自国の再興を超えた途上国への経済援助の拡大を通じて、国際社会における平和外交の使徒としての地位を確保するより具体的な政策手段を手にした。いわゆるＯＤＡ（Official Development Assistance：政府開発援助）の遂行を基軸とする外交方針である(3)。しかしながら、こうした政策の成功はわが国の大多数の国民をしていわゆる「平和ボケ」の意識を蔓延させ、国際関係における外交資源としての軍事力の役割を相対的に軽視させるとともに、ひいては「経済力があれば軍事力は不要なり」といった「経済力万能主義」とも言うべき神話（Myth）を国民の思考体系の中に醸成させてしまうこととなった。しかし今日、日中関係および日韓関係の悪化と北朝鮮の脅威により、自己の外交資源として軍事力よりも経済力を重視してきたわが国は重大な岐路にさしかかっている。すなわち、すでに指摘したように、「世界の警察官」という役割を放棄し、いわゆる「勢力均衡論（Balance of Power Theory）」の論理で言うところの「バランサー（Balancer）」としての新機軸を模索し始めたアメリカの外交戦略の転換と、それにともなう中国の軍事的台頭による国際環境の変化である。

アジア・太平洋地域において中国が錯乱要因としての活動を活性化させたことは、必然的にわが国の安全保障政策に直接の影響を及ぼすことになり、ここに至って、わが国もまた経済力万能神話の呪縛から脱皮する必要に迫られることになった。

言うまでもなく、現代の国際関係は、経済活動のグローバル化をはじめとして、国際制度の充実にともなう国際法的価値観が浸透しつつある事情も手伝い、確かに国家間の軍事力行使の機会が減少する時代を迎えてはいる。しかし、軍事力は経済力と並び、人口、領土、政治経済制度の成熟度、そして何よりも技術力などとともに、各国の国力を構成する重要な要素である。(4) 元来、政治とは各種の社会制度を確立して当該国家の秩序を形成・維持するのが役目であり、そのためには反体制勢力による武力的な混乱を抑止するための内政的な強制力（Compelling Power）が必要である。また、国際社会における国家の発展段階の非対称性により、外交力の資源として時間的および自助的な努力が比較的必要とされる経済力の育成よりも軍事力に頼る国の存在があり、そうした武力による侵略を抑止するための対抗力（Countervailing Power）が必要となる。要するに、各国家が対内的および対外的に政治活動を円滑な形で遂行していくための国力の構成要素として、また、特に対外的な外交資源を構成する要素としての軍事力は経済力とともに必要不可欠な要素なのである。

事程左様にして、わが国は過去半世紀以上の長きにわたって、その軍事的負担の多くを「世界の警察官」たるアメリカに依存できる環境にあった。しかし、すでに度々指摘したように、もはやアメリカはその役割を勢力均衡の「バランサー」へと転換し始めている。したがって、こうした情勢変化にわが国も自助努力によって対応しなければならない時代がやってきたのであり、ここに外交資源としての経済力と軍事力の双方の存在意義を再認識する必要性が生起したといえる。それは、戦後長らく日本と日本国民とが頭と心に抱いてきた経済力万能神話の消滅を意味している。

(2) 代替可能性の終焉

軍事力と経済力のどちらがより重要であるかという問題の解答は、当該国家がおかれている時空の状況によって変化する。なぜなら、当該国家が遂行する外交政策の対象分野によって両者が果たす役割が異なるからであり、それはいずれが重要かという問題ではなく、どちらに適性があるのかという問題である。直接的かつ迅速な対応が求められる軍事的な脅威に対してはこちらも軍事力を使わなければ対応できないが、より間接的かつ穏健な対応が求められる経済的または社会的な問題に対しては、軍事力よりも経済力による対応が適当である。要するに、軍事力と経済力はいずれも国家の外交資源を構成する重要な要素であり、また、相関関係を超えた因果関係をもつ要素であるがゆえに、双方ともにどちらか一方だけでは成り立たない。

例えば、一般に経済力が「軍資金（War Fund）」の提供を通じた軍事力の源泉であることはよく知られた常識であるが、他方では、軍事力が作りだす物理的な秩序領域がなければ経済力が産出されないという事実も想起される必要がある。軍事力によって作りだされる国家の枠組みや通商ルートこそが、経済活動の舞台だからである。もともと軍事力の担い手である軍隊とは、国家の安全保障を担うナショナルな存在であり、その活動としての軍事行動の論理は本来的に集権的かつ独裁的で、秩序や規律や統一性を志向するシステムである。したがって、その強制力によって作りだされる秩序領域は安全な経済活動の場を提供することになる。また、軍事力の拡充をはかるための活動は、各種の産業振興に少なからず効果をあげ、いわゆる「軍事ケインズ主義」の成果としての軍需景気を国民経済に付与する。要するに、軍事力は経済活動の基盤を提供するのである（軍事力による経済的効果）。これに対して、経済活動の担い手である企業とは、利潤を追求するインターナショナルな存在であり、その活動の論理は本来的に分権的かつ民主的で、煩雑や自由や多様性を志向するシステムである。したがって、そこで遂行される活動は単に軍資金を提供するための利益の確保にとどまらず、活動の守備範囲となる世界各地の社会情勢や人的ネットワークに関する情報収集に寄与することになる。また、新商品開発のための各種の研究開発活動は、軍事技術に転用可能な多くの技術革新を生み出す。[5] 要するに、経済力は軍事活動の基盤を充実させるのである（経済力による軍事的効果）。

ちなみに、一般的に広く浸透しているイメージほどには、経済力は平和的な外交手段ではない。経済力は当該国家の国民生活を豊かにする手段でもあり、また、逆に貧困化する手段でもあり、それは当該諸国家間における死活的な国益をめぐる競争活動の結果として獲得された力（Power）である。周知のように、二〇世紀に起きた両次の世界大戦を想起するまでもなく、過去の人類史におけるさまざまな戦争や紛争のほとんどは経済問題を主たる要因としている。経済覇権をめぐる対称的な国際関係のみならず、貧困からの脱却や強力な経済的圧迫への抵抗などの非対称的な国際関係においても多くの争いが生起してきたことは、われわれ自身の歴史が示す通りである。

また、国家の外交資源としての経済力に限界があることは、いわゆる非軍事的措置の代表例である経済制裁（Economic Sanction）や経済封鎖（Economic Blockade）の効果に限界があることによっても明白である。現代のようなグローバル化した経済的相互依存の浸透する国際社会においては、経済制裁は「両刃の剣」となる。なぜなら、その効果は代替性のある商品や貿易相手国の存在によって減少するばかりではなく、仮にその効果があった場合にも相手国の反発を招くことにより戦争を誘発する危険性のある手段となるからであり、また同時に、その反発によって相手国からの反動制裁を受けることを通じて自身の国益の損失を招く恐れがあるからにほかならない。今や各国の貿易取引相手国の選択肢は数多く存在し、そうした選択肢は経済制裁の抜け道として作用する。なお、こうした傾向が「買い手市場（Buyer's Market）」において特に顕著であることは広く知られている。[6]

重要なことは、すでに指摘したように、軍事力も経済力もどちらか一方だけで成り立つものではなく、両者は相互作用を繰り返しながら双方ともに影響を与え合う相関関係にあると同時に、一方が他方の変化の要因となる因果関係を有するという事実である。したがって、各国が自己の外交資源の拡充をはかるためには、いずれの国であろうともこの両者の力のバランスを的確にはかるという政策を遂行することが肝要である。今日、わが国もその例外ではなく、経済力を安全保障体制の中核に据えるという間接的な対応では自国の安全を守る作業には限界がある時代を迎えており、より直接的かつ緊急な物理的対応が求められるのである。要するに、わが国もこれまでのように自己の軍事力の不足分をアメリカの軍事力に依存し、経済力によってそれを補完・代替するという発想から転換しなければならない時代を迎えたのである。それは、外交資源として軍事力という要素を経済力とともに再認識しなければならないことを示唆しており、戦後長らく日本と日本国民との間に蔓延してきた軍事力と経済力の代替可能性という迷信の終焉を意味している。

3　モデリングによる理論的検討

(1)　外交資源としての軍事力と経済力

前節までの議論を受けて、本節では、国家の外交資源を構成する要素である軍事力と経済力についてのモデリングを試行する。これらの要素は当該国家が成長する過程で育成していく後天的な要素であるがゆえに、国家自身の努力によってその多くを培うことができるものではあるが、逆に言えば、努力なしには培うことが難しいものである。

正確を期すために、これまでの議論で使われた各用語を改めて概念定義しておくと、まず、ここで言う軍事力とは、当該国家が成長していく過程で獲得する物理的強制力のことである。次に、ここで言う経済力とは、当該国家が成長していく過程で獲得する金銭的資本のことである。そして、国際関係は国際社会のメンバーである諸国家が自己の国力を基盤とした外交資源を背景に他国と外交活動を遂行することによって動態するシステムであり、当該国家はそうした活動によって国益を追求し、それに基づいて外交資源としての軍事力と経済力のさらなる拡充を目指す主体であるということになる。また、軍事力や経済力を拡充するためには費用がかかるが、双方の要素が拡充されることによって獲得できる外交の成果を国益とし、その国益から費用を減じたものを国家の利潤として規定する。したがって、各国はできるだけ少ない費用で軍事力と経済力を拡充させ、自己の国家利潤を拡大させることを目指すのである。なお、国力を構成するその他の要素も、基本的にはこの軍事力と経済力の拡充のための基礎を提供する要素であり、その意味で、特に外交資源の構成要素としてはこれら二つの要素に集約して考えることが可能である。

そこで、以上の議論を定式化しておくと、まず、Dを任意の国家における外交資源の総計、Mを当該国家の軍事力、Eを当該国家の経済力とし、MとEは相互に影響を及ぼさない独立した変数であると仮定すれば、

$$D=f(M,\ E) \qquad (3\text{-}1)$$

という関数を設定できる。ここでは、この（3-1）を「外交資源関数（Function of Resource of Diplomacy）」と呼ぶ。[7]

（2）軍事力と経済力の相乗効果

①　外交資源の極大化モデル

ところで、ここで取りあげている軍事力と経済力という要素は、当該国家の努力によって一定限度まで増大させることが可能であるが、それには国家予算や人的資源などの限界があり、ゆえに、それは『最大値』ならぬ「極大値」をとる曲面として数学的に定式化することができる（図2-1参照）。

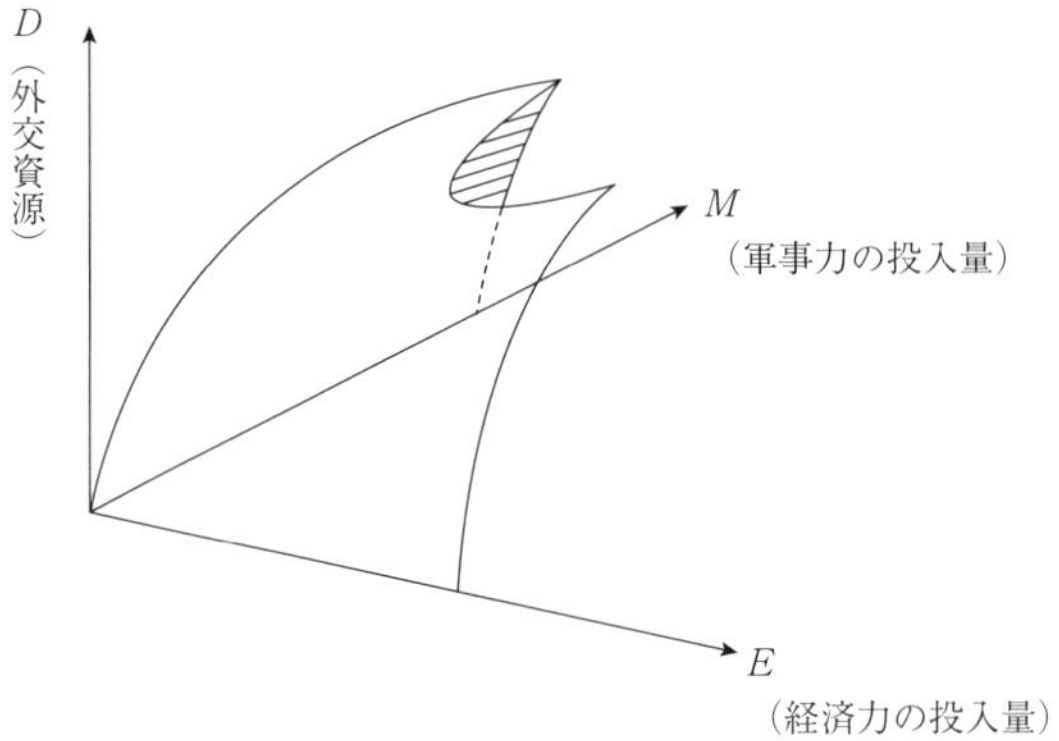

図2-1　軍事力と経済力の投入による外交資源の拡大

そこで、正確を期すために、前段にならってDを任意の国家の外交資源の総計、Mを任意の国家の軍事力、Eを任意の国家の経済力とし、これらの諸要素の関係をミクロ経済学の理論における標準的な一次同次性を有するコブ・ダグラス型（Cobb-Douglas Type）の「生産関数（Product Function）」にならって特定化して表すとすれば[8]、

$$D = f(M,\ E) = SMa \cdot Eb \qquad (3\text{-}2)$$

となる。ここで、Sは技術進歩などによって変化するスケール係数である。また、aは軍事的要素に対する当該国家の政策的な比重の分配率であり、bは経済的要素へのそれであり、$0<a<1$および$0<b<1$を満たす。この関数を偏微分すれば、

$$D' = \partial D/\partial M = S \cdot Eb \cdot aMa - 1 = aSMa - 1 \cdot Eb$$

$$D' = \partial D/\partial E = S \cdot Ma \cdot bEb - 1 = bSEb - 1 \cdot Ma$$

となる。右式は軍事的要素の限界生産力であり、左式は経済的要素の限界生産力に相当する。よって、極大または極小の条件は、

$$aSM^{a-1}\cdot E^{b}=0 \qquad (3\text{-}3)$$

$$bSE^{b-1}\cdot M^{a}=0 \qquad (3\text{-}4)$$

となり、(3-3)および(3-4)の同時成立が極大化条件となる。

ところで、外交政策の効果として得られる国益を総収入と考え、そのためにかかる経費を総費用と考えるならば、当該国家の純利益としての国家利潤Iは、総収入pDから軍事力増強のためにかかった費用rMと経済力拡大のためにかかった費用wEを引いた値となる。

$$I=pD-(rM+wE) \qquad (3\text{-}5)$$

$$=pf(M,\ E)-(rM+wE) \qquad (3\text{-}6)$$

ここで、利潤極大化のためのMとEの投入量の条件を求めるために、前記の利潤関数をMとEについて偏微分して0とおく。

$$\partial I/\partial M=p\cdot\partial D/\partial M-r=0 \qquad (3\text{-}7)$$

$$\partial I/\partial E=p\cdot\partial D/\partial E-w=0 \qquad (3\text{-}8)$$

右式の$\partial D/\partial M$は前述した軍事的要素の限界生産力であり、これをfmとする。また、左式の$\partial D/\partial E$は前述した経済的要素の限界生産力であり、これをfeとする。そうすれば、となり、ここではミクロ経済学の限界生産力説に基づいて、利潤最大化条件の下では各要素の限界生産力が各要素の価格に等しいことが理解できる。(9) すなわち、各国家は外交資源の構成要素たる軍事的要素一単位を増加させた場合に外交の成果として相手国から引き出す利益と、経済的要素一単位を増加させた場合に外交の成果として相手国から引き出す利益が等しい時に外交資源を最大化させることができるわけであり、それは軍事力と経済力をバランス良く拡充させることが当該国家にとって最適な政策指針であることを意味している。

$$fm = r/p \qquad (3\text{-}9)$$

$$fe = w/p \qquad (3\text{-}10)$$

② 制約条件を付加したモデル

ところで、軍事力や経済力などの要素は当該国家の予算や人的資本などといった諸要因による制約を受ける。なぜなら、それらの要素の大きさは当該国家の税収や教育機会の拡大などとともに変化するものであり、費用(Cost)というべき要素だからである。すなわち、仮に当該国家が「合理的行為者(Rational Actor)」であると仮定すれば、軍事力M、経済力Eという二つの要素をできるだけ少ない費用で可能な限り増加させる努力をすることになる。したがって、ここでは目的関数を外交資源関数とし、制約条件を費用関数とする「ラグランジュ未定乗数法」にならった最大化問題を設定することができる。

そこで、Mを軍事力、Eを経済力、Cを総費用、γを軍事力増大のための費用、ωを経済力増大のための費用とし、MとEは相互に独立した変数と仮定すれば、

目的関数　$D=f(M,\ E)$

制約条件　$C=\gamma M+\omega E$

となり、ここで前記の制約条件の式を操作して、

$$C-\gamma M-\omega E=0$$

とする。そうすれば、

$$\Lambda=f(M,\ E)+\lambda(C-\gamma M-\omega E)$$

の形式のラグランジュ関数を設定できる。これをM、E、λでそれぞれ偏微分すると（Cは総費用のため定数扱い）、各偏導関数は、

$$\partial\Lambda/\partial M=\partial f/\partial E-\lambda\gamma \quad (3\text{-}11)$$

$$\partial\Lambda/\partial E=\partial f/\partial E-\lambda\omega \quad (3\text{-}12)$$

$$\partial\Lambda/\partial\lambda=C-\gamma M-\omega E \quad (3\text{-}13)$$

となる。ちなみに、ここではより一般的な議論を想定しているがゆえに外交資源関数を具体的に特定化していないため、費用一単位あたりを増加させた場合の軍事力の増加分と経済力の増加分をそれぞれ、

$$fm = \partial f/\partial M \qquad (3\text{-}14)$$

$$fe = \partial f/\partial E \qquad (3\text{-}15)$$

とおけば（いわゆる各要素の限界生産力）、あとは（3-14）(3-15）の各式を（3-11）(3-12）(3-13）の各式に代入して(3-16）(3-17）(3-18）を得た上で、この連立方程式を解けば良い。

$$fm - \lambda\gamma = 0 \qquad (3\text{-}16)$$

$$fe - \lambda\omega = 0 \qquad (3\text{-}17)$$

$$C - \gamma M - \omega E = 0 \qquad (3\text{-}18)$$

以上の操作の結果、（3-19）が得られる。

$$\lambda = fm/\gamma = fe/\omega \qquad (3\text{-}19)$$

これによって、λとMとEの限界的な増加分およびそれらの各費用について（3-19）が成り立つ。したがって、（3-18）および（3-19）が制約付き最大化の条件となる。(10) なお、これが意味するところもまた、先述の極大化モデルの場合と同様であることは言うまでもない。

（3）政策的インプリケーション

ところで、本書の第1章においては、国際システムを国際公共財（International Public Goods）の需給システムとしてとらえた場合には、いわゆる単極システム（Uni-Polar System）よりも双極システム（Bi-Polar System）の方がより安定的な均衡状態を生み出すシステムであることを理論的に検討した[11]。したがって、ここではそうした既知の条件の下で、より現実的な事象への投影である政策提言を遂行する。それは、アジア・太平洋地域において冷戦体制に準ずる双極システムを構築し、ある特定の一国が覇権体制に準ずる単極システムを作らないように働きかけていくことが安定化のための条件であることを基本的な前提認識として、言わば「ミニ冷戦システム（Small-Sized Cold War System）」としての日中関係というシナリオを実現する際の条件について考察する作業となる[12]。

第一に、冷戦システムの当事者間たる日本と中国は、単に対立するだけでなく、一定レベル以上の政治や行政の担当者が常に「対話（Dialogue）」の機会をもち続け、互いの軍事力の均衡を維持するための交流を欠かさず双極システムを構成することが重要である。要するに、一方が他方に優越するような軍事力をもたないように均衡することが要件となる。また、ある程度の民間経済交流の基盤が持続的に確立しているべきであることも言うまでもない。

第二に、「ミニ冷戦システム」を確立させるためには、中国の国際社会に対する影響力がこれ以上拡大しないように的確な外交政策を展開することが必要である。ここでは、かつての米ソ冷戦時代にアメリカがソ連に対して行った「封じ込め（Containment）」政策と同様の政策として、わが国はアメリカ、オーストラリア、ASEAN諸国、中南米諸国などとの同盟関係に加え、中国の頭を抑え込むためのロシアとの協調、その下腹を突き上げるためのインドとの提携が必要となる。また、その提携はこれまでのように単なる経済的文化的領域だけでなく軍事的な同盟も視野に入れなければならない。同時に、こうしたハード面における外交政策と並行し、科学技術力と情報収集力を向上させる努力とともに、独裁的な全体主義国家が民主主義国家に優越する政治的プロパガンダ（Political Propaganda）の分野における実力を拡充することが不可欠となる。

第三に、共産党による独裁体制をとる中国には少なくとも公式に認可された反体制的な政治勢力は存在せず、党内の派閥争いがあるだけである。また、全体主義国家としての中国には政策決定過程と同様にして、国内にジャーナリズムが存在しないがゆえに国論の統制も容易かつ迅速である。この点で民主主義国家である日本やアメリカは常に政治社会的な構造上の劣勢におかれている。そこで，日本でも従来から各省庁に分散されてきた広報担当部署を一元的に統括し，これを質量ともに飛躍的に拡充させた「宣伝省（Ministry of Public Enlightenment and Propaganda）」を独立の官庁として設立し，中国が遂行してくるプロパガンダへの対抗プロパガンダ（Countervailing Propaganda）を行う必要がある。(13) 重要なことは，この宣伝省との間に政治家や官僚などをはじめ，警察の公安組織や軍隊の諜報機関との協力体制を整備するだけでなく，当該組織のスタッフとして広く日本の広告業界で活躍している企業ビジネスマンの民間人を積極的に登用し，その能力を大いに活用することである。

第四に，世界大のグローバルな規模で行われた米ソ冷戦とは異なり，アジア・太平洋地域を舞台として設定される日中冷戦体制は，地理的により限定された規模で行われる戦略であるがゆえに，「バランサー」が必要となる。それがアメリカに期待する役割となる。中国は日本と比較して人口も国土も巨大であり，現状では日本の技術力や経済効率性が比較優位にあるとはいえ，決して侮ってはならない地域大国である。そのため，日本は自らの後ろ盾としてのアメリカとの同盟関係を強化しつつ，アメリカのアジア・太平洋地域における軍事的役割の一部をあくまで日本が代行するというスタンスを堅持する必要がある。その意味で，アメリカの「バランサー」としての役割は，日本の後ろ盾としての意義を強くもちながらもアジア・太平洋地域におけるミニ冷戦システムを維持するための「覇者（Ruler）」としての役割となり，直接的に国際システムを管理する「覇権国（Hegemon）」の役割とは決定的に異なるものとなる。そこでは，ミニ冷戦システムを舞台として日本を媒介とするより間接的なコミットメントが行われるのである。

重要なことは，日中冷戦体制の構築は日本だけでなく，アジア・太平洋地域のシステムの安定化を導出することに資する作業であることを全世界に宣伝することである。さらに，それは日本や他のアジア・太平洋諸国だけでなく、当の中国にとってもまたその国益にかなう政策であることを同時に宣伝していく必要がある。

4　結　論

本章では、第一に、国家の外交資源（Resource of Diplomacy）を構成する要素として経済力（Economic Power）とともに軍事力（Military Power）が重要であることを検討し、第二に、これら二つの要素に関するモデリングを通じた理論的検討を遂行しつつ、外交資源を充実させるためには経済力だけでなく軍事力の拡充も必要であることを認識した上で、第三に、こうした認識を土台としてわが国の外交への政策的提言を遂行した。

その結果、第一に、軍事力と経済力はともに外交資源を構成する重要な要素であり、どちらか一方では成立できない相互に不可分な国力の側面であること、いずれかに偏ることなく両者をバランス良く育成していくことによって当該国の外交資源を拡充できることが指摘された。第二に、現代の流動化する国際関係を安定化させるためにアジア・太平洋地域における日中冷戦体制を構築することが必要であり、そこではわが国も経済力だけでなく相応の軍事力を育成して外交資源を拡充し、従来のような経済偏重型の国家体制から脱皮すべきであることが提言された。

なお、本章の議論には、第一に、議論で使用された操作概念、特に外交資源、軍事力、経済力などの諸概念の数量化を試行すること、第二に、軍事的要素と経済的要素間の相互作用と重複効果、いわゆる「多重共線性」の問題を検討することなどの課題がある。(14)

注

（1）　アジアにおける安定的な国際システムを構築するために「日中冷戦体制」の確立が必要であるという政策的提言につい

ては、石井（2014）を参照。

（2）マクロ国際政治理論における覇権安定論と勢力均衡論との共通点や相違点に関する詳細は、石井（1993①）の第二章（特に六五～七三頁）、Gilpin（1981）などを参照。また、オバマ政権下における米国の外交政策とそれにともなうアジア地域における米国の軍事的プレゼンスの後退が「バランサー」としての意味を有する点については、川上（2014）第一面などを参照。

（3）吉田ドクトリンについては、西川（2001）に詳しい。また、日本のＯＤＡ政策の変遷と意義については、渡辺・三浦（2003）に詳しい。また、船橋（1978）などに代表される一九七〇年代当時の議論は、経済力によってわが国の安全保障を実現するという視座の業績であった。

（4）国力については、西川（2001）（特に第二章）に詳しい。また同書は、わが国の国際関係論の文献としては稀少な軍事力に関する充実した議論が展開されている。なお、軍事と経済の財政バランスという問題は資本と労働の効率的な配分の問題を論ずる公共経済学の主要なテーマの一つであるため、例えば先駆的かつ代表的な業績として吉田（1996）などがある。

（5）民生技術の軍事転用やその逆という問題に関する稀少かつ先駆的な業績として、薬師寺（1989）および薬師寺（1991）がある。

（6）国際関係における各国の外交政策に関わる経済的要素の重要性を指摘したのは、いわゆる「国際政治経済学（Theory of International Political Economy）」の一連の業績であった。例えば、一九八〇年代のギルピン（1990）などに始まり、今日の石黒（2007）などに至る国際政治と国際経済の連動関係を分析する一連の業績がそれに該当する。また、「経済制裁」については、山本（1982）や宮川（1992）などに詳しい。なお、経済的要素を外交政策の手段としてとらえた先駆的業績として、Baldwin（1985）がある。さらに、こうした議論が広く流行した背景には、ナイ（1990）やナイ（2004）などに代表されるような軍事力と経済力の代替可能性を示唆する議論が存在していたと考えられる。なお、外交資源の構成要素として軍事力と経済力をとらえた場合には、それはハード（Hard Power）とソフト（Soft Power）という分類よりも、むしろ直接（Direct Power）と間接（Indirect Power）という区分けの方が適切である。ちなみに、ナイ教授は自身のこうした業績の流れから最近は本章と同様の問題意識をもっている。例えば、ジョセフ・S・ナイ「軍事力と経済力のどちらがより重要か」『東洋経済ＯＮＬＩＮＥ』（二〇一一年七月二二日）など。

（7）数理モデルについては、チャン（1995-1996）、Chiang and Wainwright（2005）、ドブソン（2008）、Dobson（1983）、

Dowling（1992）、Simon and Blume（1994）、薬師寺（1983）、薬師寺・榊原（1980）、薬師寺（1984）などを参照。こうした研究はわが国では比較的希少である。

（8）生産関数の議論については、Bosworth（1976）、小田切（2010）、渡辺（2007）などに詳しい。なお、標準的な生産関数には、ここで取りあげたコブ・ダグラス型の他にも下記のようなＣＥＳ型（Constant Elasticity of Substitution Type）などがある。

$$Y=\gamma[\delta K^{-\rho}+(1-\delta)L^{-\rho}]^{-\mu/\rho}$$

これはコブ・ダグラス型生産関数が「代替の弾力性が一定」という性質をもつのに対して、より一般的な代替関係を表す生産関数であり、γは効率パラメータまたはスケール係数、ρは代替パラメータ、δは分配パラメータ、μは規模の経済性パラメータである。

（9）ここで提示した議論には、若干の補足が必要である。というのは、既に述べたように、ここでは極大値を有する凸型の曲面を想定しているため、以上の議論をより一般的に定式化しつつ、今度は極大か極小のいずれかを判別する基準を導出する。まず、本文中の式（3-3）（3-4）を意味する$\partial/\partial M$および$\partial/\partial E$（一階のMおよびEの偏導関数）を、さらにもう一度MとEについて偏微分すると、

$\partial/\partial M(\partial D/\partial M)$　または　$\partial 2D/\partial M2$

$\partial/\partial E(\partial D/\partial M)$　または　$\partial 2D/\partial E\partial M$　　（補-1）

$\partial/\partial M(\partial D/\partial E)$　または　$\partial 2D/\partial M\partial E$　　（補-2）

$\partial/\partial E(\partial D/\partial E)$　または　$\partial 2D/\partial E2$

となる。これらの二階の偏導関数のうちで本文中の（3-5）と（3-6）は交差導関数であるから、もし両者が連続であれば、

$$\partial 2D/\partial E\partial M=\partial 2D/\partial E\partial M$$

が成立し（いわゆる「ヤングの定理」）、極大または極小の判別が可能となる。

まず、極大条件は、

$$\partial 2D/\partial M2<0 \text{ かつ } \partial 2/D\partial E2<0 \qquad （補\text{-}3）$$

次に、極小条件は、

$$\partial 2D/\partial M2>0 \text{ かつ } \partial 2D/\partial E2>0 \qquad （補\text{-}4）$$

となる。これに、極値条件としての下記を加えれば、それが単に変曲点ではなく極点であることが証明されることになる。

つまり、

$$\partial 2D/\partial M2 \cdot \partial 2D/\partial E2>(\partial/\partial E(\partial D/\partial M))2 \qquad （補\text{-}5）$$

であり、上式（補-3）（補-4）（補-5）の同時成立が極大または極小の条件となる。

ちなみに、経済理論における「極大化」という表現は、基礎的かつ標準的な経済数学のテキストにおいて頻繁に見受けられる。例えば、ドゥリング（1996）、武隈（1989）など。なお、国際政治学的研究にミクロ経済学の分析手法を導入した先駆的業績の一つであるウォルツ（2010）はあまりにも有名である。

(10)　さらに、もしも軍事力や経済力を構成する要素の種類が多数であり、その数量を q_1, q_2, ……, q_n、その費用を c_1, c_2, ……, c_n とすれば、外交資源関数は、

$$D=f(q_1,\ q_2,\ \ldots\ldots,\ q_n)$$

となり、ここで各要素の限界的な増加分を f_1, f_2, ……, f_n とすれば、

$$\lambda=f_1/c_1=f_2/c_2=\ldots\ldots f_n/c_n$$

が成立することになる。

(11)　国際システムが単極システムよりも双極システムである方が安定的であるという理論的検討については、本書の第1章を参照。

(12)　米ソの冷戦体制が「長い平和（Long Peace）」を実現したという積極的な意義を指摘する議論は、ギャディス以来多くの研究者たちによって行われている。彼の代表的著作として、ギャディス（2003）を挙げておく。

（13）国家の政策的な宣伝活動の理論的検討については、プラトカニス＆アロンソン（1998）、石井（2004①）などを参照。

（14）従属変数（被説明変数）の説明要因としての独立変数（説明変数）間の相乗効果が個々の変数の自律的な作用以上の影響を与えることを意味する統計学用語である。

第3章　政治的リーダーシップの理論

1　問題の所在

(1) はじめに

一般に、リーダーシップ(Leadership)を分析する視角には、当該リーダーの資質に着目する「資質論的アプローチ(Trait Approach)」と、当該リーダーの行動に着目する「行動論的アプローチ(Behavioral Science Approach)」の二種類がある。[1] 前者は、主として歴史学や政治学の分野で蓄積されてきた研究の成果であり、リーダーシップの本質が当該リーダーの人間的資質にあると考える議論である。また後者は、主として心理学や経営学の分野で蓄積されてきた研究の成果であり、リーダーシップの本質を、当該リーダーの行動やその行動を誘発する要因としての彼もしくは彼女を取り巻く環境的な要素に求める議論である。[2]

従来、双方の研究はそれぞれ独立して発展してきた。したがって、こうした研究動向の背景には、果たしてリーダーシップの本質は資質か行動のいずれか一方であるという二律背反的な前提認識が存在していたと言える。

しかし、ある人物の行動の特徴とは、多分にその人物の性格（Characteristics）を中心とした資質（Trait）に規定されるものである。特に、政治的リーダーのリーダーシップを論ずる際には、それが当該リーダーの統治下にある人々に対するより公式な権力を行使する活動であり、その影響がより直接的に被支配者の生殺与奪に関わる活動であるため、当該リーダーの人間的要素が多分に大きく影響する。(3)

したがって、政治的リーダーシップの本質を論ずる研究は、従来の資質論的アプローチと行動論的アプローチの双方を統合する方向で展開されるべきであり、なかんずくそれは、当該リーダーの資質的要素の是非を分析する研究に帰着するものであると考えられる。

以上のような問題意識を前提として、本章では、第一に、精神分析（Psychoanalysis）や社会心理学（Social Psychology）の分野で開発された「交流分析：ＴＡ（Transactional Analysis）」の手法である「エゴグラム（Ego-gram）」を構成する二つのモデル（「自我状態の構造モデル（Structural Model in Ego States）」および「自我状態の機能モデル（Functional Model in Ego States）」）を用いて政治的リーダーシップのタイプ（Type）を理論的に研究するための諸概念の整理を試行する。(4)なお、筆者はこうした研究をミクロ国際政治理論における「政策決定者」に関する議論の一つの研究領域として位置づけていることを付言しておく。

(2) リアリズムとの対話

ところで、「リアリズムとの対話（A Dialogue to Realism or Conversation with Realism）」という知的活動は、われわれ人間が日常の社会生活において頻繁に行う思考過程の中核に位置する行動原理である。これは、われわれが何らかの行動を選択する際に、その行動を制約すると考えられるさまざまな情報に照らし合わせて、その実現可能性を思索する活動である。現状認識や実現可能性といったわれわれの知的模索に関する諸要素の判定基準は、ほとんどもっぱらこの原理におかれていると言って良い。

しかし、まずもって人間が自己の夢や希望を抱く過程の当初においては、この対話は自由奔放な発想の可能性を呪縛し、現実追従的な判定や結論へとわれわれの思考を導いていく傾向を生む。したがって、問題は、この対話をどの程度の時空に限定するかである。こうした対話をあまりにも過度に怠れば、夢は現実性を欠落させた単なる幻想となり、逆に、必要以上にこの対話に引きずられれば、希望は現実によって摩滅化され、魅力を喪失した情念に堕落してしまう。

ところで、国家のリーダーたる政治的リーダーは、どちらかと言えばこの対話が過度にならないように注意しなければならない職掌にあり、これに対して、官僚や経営者などの他の組織のリーダーたちは、この対話が不足しないように常に留意すべき職責にある。最も重要な認識すべき事項は、この両者がまったく方向の異なるベクトルとの対決を運命づけられている職掌にあるという事実であり、両者が根本的に異なる性格を求められている職業であるという認識である。

すなわち、政治家としての資質を有するべき立場の人間は、この点に関する限りにおいては、官僚や経営者とは正反対の性質を有するべき者であり、また逆に、官僚や経営者としての資質に長けるべき立場の者は、政治家には向かない種類の性質を有する人間ということになる。この事実は、国家のリーダーとしての政治的リーダーと、経営者や官僚などの他の組織のリーダーとの決定的な相違を明確かつ論理的な形で表現しているとともに、われわれが政治的リーダーにふさわしい資質を考察する際に、当該人物の性格をはじめとする人間的要素を分析する必要性を訴えているといえる。

例えば、現代日本のように、政治家が政党政治家と官僚政治家のいずれであるのかを判別することが事実上困難になっている状況下にあれば、その必要性はさらに増大する。日本の政治家には、生粋の政党人として政治家の道を歩んできた政党政治家と、官僚経験を経て政治家になった官僚政治家の二種類があると考えられているが、しかし、世襲化が浸透した結果、現代日本の政治家には、両者の区別が困難な現職が飛躍的に増加した。いわゆる二世三世の議員であると同時に、官僚や経営者の出身であるという人々の登場である。

元来、歴史的かつ地理的な状況のいかんによって、この両者は適度なバランスをもって均衡していることが必要であった。なぜなら、前者は文字どおりの「政治」的な資質の体現者として、どちらかと言えば国家や社会の枠組みの在り方それ自体の是非を問うスタンスから活動や提案を行う革新的な存在であるのに対して、後者は逆に、「行政」的あるいは「経営」的な資質の体現者として、既存の組織や社会の枠組みを所与とした政策の是非を問うスタンスからのそれを行う保守的な存在だからである。ここにわれわれは、政治的リーダーの資質を分析する作業の重大性を認識することができる。

以上のような前提認識に基づき、以下、本章では政治的リーダーの資質を分析するための理論的定式化を目指した諸概念の整理を試行する。

2 政治的リーダーの三タイプ

(1) 第一次的要素と第二次的要素

ところで、政治的リーダーの資質を構成する要素には、当該リーダーが生まれながらに有している第一次的または先天的(Inherent or Natural)な要素と、彼もしくは彼女が成長していく過程で獲得する第二次的または後天的(Acquired or Posteriori)な要素の二種類があると考えられる。[5] 前者は、政治的リーダーシップのタイプを特定化する要素であり、後者は、政治的リーダーのスキルを構成する要素である。

本章では、これら二つの政治的リーダーの資質の中で、その第一次的要素について検討する。これは当該政治的リーダーが生まれながらに有する先天的な要素であるがゆえに、本人の努力によってなかなか変えることが困難なものであり、また、これによって当該政治的リーダーのリーダーシップのタイプが決定されることから、それが時代状況や環境的条件に適合性を有する政治的リーダーと成り得るか否かが判定できるという意味で、決定的に重要な要素である。

すなわち、ここでこれまでの議論をまとめておくと、まず、PLを政治的リーダーシップ、Bを政治的リーダーの行動的要素、Tを当該人物の政治的リーダーとしての資質的要素とすれば、

$$PL = B + T$$

と表記できる。次に、PLTを政治的リーダーシップのタイプを特定化する要素とし、PLSを政治的リーダーのスキルを構成する要素とすれば、

$$T = PLT + PLS \qquad (2\text{-}1)$$

と表記できる。さらに、前記（2-1）を分解し、Nを政治的リーダーの先天的な要素、Aを政治的リーダーの後天的な要素とすれば、Tである政治的リーダーの資質的要素は、

$$PLT = f(N) \qquad (2\text{-}2)$$

$$PLS = f(A) \qquad (2\text{-}3)$$

という連立方程式で表記することができる。

（2）自我状態の構造モデルによる類型化

ところで、政治的リーダーは、この第一次的要素の種類により、「創造型リーダー（Creative Leader）」、「管理型リーダー（Administrative or Managerial Leader）」、「象徴型リーダー（Symbolic Leader）」の三つのタイプに分類することができる(6)。ここで、創造型リーダーとは、新規の制度開発や国家社会の建設に自己の能力を発揮するタイプである。また、管理型リーダーとは、既存の制度運用や国家社会の効率的運営に自己の能力を発揮するタイプである。さらに、象徴型リーダーとは、確固とした基盤を有する成熟した国家や社会において、伝統的な価値観や国民の忠誠心を確立する過程でその存在が効果を発揮するタイプである。

こうした政治的リーダーの三つのタイプは、精神分析や社会心理学における自我状態の構造モデルの概念で使われる「子ども（Child）」、「大人（Adult）」、「親（Parent）」という人間の三つの性格要素にそれぞれ該当すると考えられる(7)。なぜなら、創造性の要素とは、将来のある子どもが自己および他者に対して理想や夢を抱く感性と密接な関連を有するものだからであり、管理性の要素とは、成熟した大人が自己および他者ならびに周囲の環境を安定的かつ効率的に整備する感性と密接な関連を有するものだからであり、象徴性の要素とは、親が自己の保護下にある他者からの信頼の基盤として存在する感性と密接な関連を有するものだからである。したがって、当該政治的リーダーがいかなる種類のリーダーシップを発揮するタイプであるかは、エゴグラムによって判別することが可能である。

また、一人の人間がこれら三つの要素をさまざまな割合で組み合わせた人格を有するのと同様にして、一人の政治的リーダーは、こうした三つの要素をさまざまな割合で組み合わせた性格を同時に合わせもっている。ただし、それぞれのタイプの政治的リーダーは、他のタイプの要素をも同時に合わせもつが、自己のタイプの要素をとりわけ最も多くもっていると考えるのが素直であろう（図3-1参照）。

なお、ここで正確を期すために定式化をしておくと、

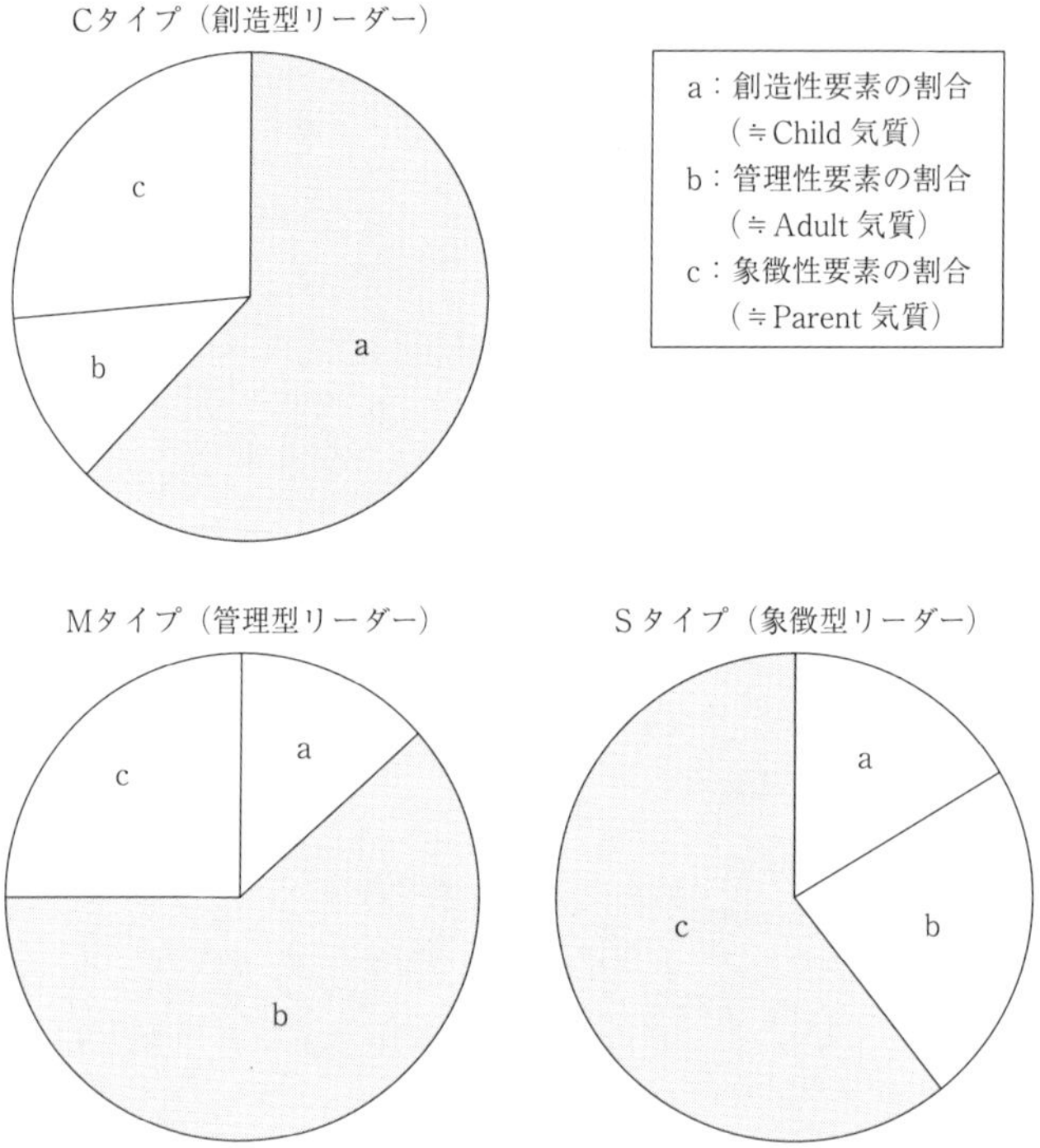

図3-1　自我状態の構造モデルと政治的リーダーの三タイプ

$$N=f(C,\ M,\ S)$$
$$=a(C)+b(M)+c(S) \qquad (2\text{-}4)$$

となる。(2-4)を「政治的リーダーシップ（タイプ）関数・その1」とする。ただし、Nは先ほどと同様に先天的要素の総計であり、以下、Cは創造的要素、Mは管理的要素、Sは象徴的要素を表している。また、係数a、b、cは、それぞれの要素が当該政治的リーダーの人格の中で占める割合を表しており、これは既述のエゴグラム分析によって判別できることは既に指摘した。よって、必然的にこの方程式には、

$$a+b+c=1$$

という条件が必要となる。また、各リーダーシップのタイプは、

Cタイプ：$a>c>b,\ a>(c+b)$

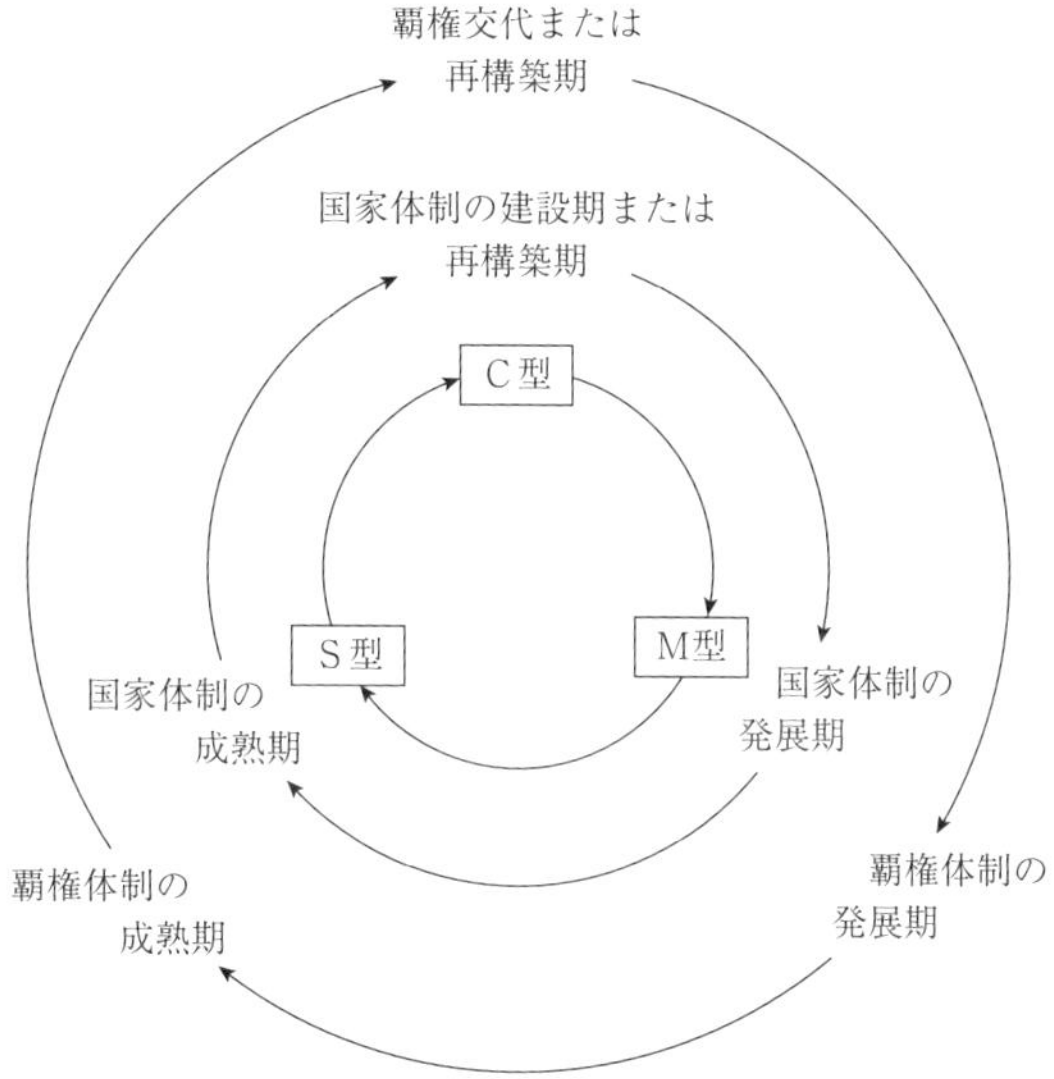

図3-2　国際環境と国家の発展段階および政治的リーダーの三タイプの連携

Mタイプ：$b>c>a$, $b>c+a$

Sタイプ：$c>b>a$, $c>(b+a)$

という条件によってそれぞれ定義されることになる。(8)

（3）政治的リーダーの三タイプとその連動関係

なお、これら三つの政治的リーダーのタイプは、あくまでもそれぞれの政治的リーダーの資質を類型化したものであり、決してその優劣を意味する概念ではない。また、どのタイプの政治的リーダーが当該政治的リーダーにふさわしいかは、当該国家や当該社会がおかれている時代状況や国際関係などの環境的要素に依存する。そのような環境と合わないタイプのリーダーが輩出されると、当該国家や当該社会に適性のない政治的リーダーシップの歪みに由来するさまざまな弊害が噴出する。

また、創造型リーダーが国家や社会の建設や新しい制度を設立することに適性を有するタイプであるのに対して、管理型リーダーや象徴型リーダーは、創造型リーダーによって作られた制度的枠組みをより効率的かつ安定的に運営することに適性を有するタイプである。したがって、これらの三つの政治的リーダーのタイプは、国家や社会の発展段階としての建設期（または再構築期）、発展期、成熟期にそれぞれ適性をもった政治的リーダーの種類であり、それが連携する順序は、創造型、管理型、象徴型の順であることが望ましいといえる（図3-2参照）。

なお、いわゆる「複合的相互依存（Complex Interdependence）」が拡大・深化した状況にある今日の国際関係においては、国際情勢は覇権国の覇権体制（Hegemony）が盛衰するステージと連関している部分が多い。[9] したがって、ここでは国際情勢の推移を覇権国の覇権力盛衰の諸段階として表現している。

3　政治的リーダーシップの五タイプ

（1）自我状態の機能モデルの意義

さて、前節では自我状態の構造モデルによる政治的リーダーの類型化を試行したが、ここでは新たに、自我状態の機能モデルを用いてこれを改訂する。[10] 自我状態の機能モデルでは、構造モデルにおいて各一つずつ設定されていた「子ども」と「親」の要素がそれぞれ分化し、構造モデルにおける三つの性格要素による分析に対して、より多く五つの性格要素によって分析する手法となっている。

まず、「自由な子ども（Free Child）」であり、これは子どもが有する気質のうちで、特に自由闊達でエネルギッシュな側面を念頭においた要素であり、本人の自主的かつ積極的な意志によって行動選択をする性格を表現している。次に、「従順な子ども（Adopted Child）」であり、これは子どもが有する気質のうちで、特に親をはじめとする目上の者の言うことに素直に従う側面を念頭においた要素であり、他者からのアドバイスや指示を率直に受け入れる行動選択をする性格を表現している。また、「厳格な親（Critical Parent）」であり、これは親が有する気質のうちで、特に子どもや後輩などを厳しく指導する父親的な側面を念頭においた要素であり、厳格で頼りがいのある男性的な行動選択をする性格を表現している。さらに、「寛容な親（Nurturing Parent）」であり、これは親が有する気質のうちで、特に子どもや後輩などを優しく手ほどきして保護する母親的な側面を念頭においた要素であり、寛容で世話好きな女性的な行動選択をする性格を表現している。最後に、大人（Adult）は従来型と同様に一つの設定である。

（2）自我状態の機能モデルによる類型化

次に、以上のような自我状態の機能モデルに示された五つの性格要素を、政治的リーダーの資質を構成する諸要素におき換えて翻訳すると、以下のようになると考えられる。

①「自由な創造型リーダー（Free Creative Leader）」としての要素

国家が構造的な改革や新しい制度の創設などを遂行していく際の政治的リーダーには、この要素の値が高いことは必須条件である。創成期の政治的リーダーに最も必要な将来的ヴィジョンを生み出す力を多く有しているからである。しかし、度を越せば理想論ばかりを唱え、国民を景気の良いお祭り騒ぎばかりへと扇動しつつ、うまくいかないと全てを放り出す無責任なリーダーとなる可能性がある。

②「素直な創造型リーダー（Adopted Creative Leader）」としての要素

政治的リーダーにとって最も必要不可欠な要素がこれであり、それは、他者からの異なる意見や批判に耳を傾ける融通性と、納得すればそれを受容する素直さを有しているからである。したがって、主として民主主義的な政治過程が実現されている政治体制においては、この値が高いことは政治的リーダーの重要な要件であると考えられる。

しかし、度を越せば他者の異論に右往左往して優柔不断となり、政治の混乱を招くリーダーとなる可能性がある。

③「管理型リーダー（Managerial Leader）」としての要素

この要素が高いことは、すでにできあがっている体制を維持していく役割を担う政治的リーダーとしては最も有能である。しかし、その反面、本人が有能かつ冷徹で合理的な判断を下せる能力や性格を有しているため、度が過ぎれば他者への思いやりや弱者に対する愛情が不足したリーダーとなる可能性がある。したがって、創造性のある仕事には比較的不向きであり、むしろリーダーの補佐役としての立場が似合うタイプである。政治的リーダーよりも、むしろ官僚・役人に適したタイプとしての要素が大きいと言える。

④「厳格な象徴型リーダー（Critical Symbolic Leader）」としての要素

この要素が高い値であることは、人々を引っ張っていく立場にある政治的リーダーにとってはいかなる環境においても必要である。規律と秩序を重んじる心情は、政治的リーダーが有するべき倫理性の精神を構成する要素だからである。しかし、度が過ぎれば独裁的なリーダーシップを発揮し、警察国家化を招くタイプに変容する可能性がある。

⑤「寛容な象徴型リーダー（Nurturing Symbolic Leader）」としての要素

この要素が高い値であることは、政治的リーダーにとっていかなる環境においても必要ではある。寛容と慈悲の心情は、政治的リーダーが有するべき博愛の精神を構成する要素だからである。しかし、度を越せば弱者・貧者の救済・福祉にばかり気を取られ、国家の舵取りにとって重要な現実主義的な外交や安全保障への気配りをおろそかにするリーダーとなる可能性がある。

言うまでもなく、先ほどの自我状態の構造モデルの場合と同様にして、一人の人間がこれら五つの要素をさまざまな割合で組み合わせた人格を有するのとともに、一人の政治的リーダーは、こうした五つの要素をさまざまな割合で組み合わせた性格を同時に合わせもっている。また、それぞれのタイプの政治的リーダーは、他のタイプの要素をも同時に合わせもつが、自己のタイプの要素をとりわけ最も多くもっているといえる（図3-3参照）。

先ほどと同様にして、ここで正確を期すために定式化をしておく。Nを政治的リーダーシップの先天的要素の総計とし、以下、それぞれFCを自由な創造型リーダー、ACを素直な創造型リーダー、Mを管理型リーダー、CSを厳格な象徴型リーダー、NSを寛容な象徴型リーダーの各要素とすると、

$$N = f(FC,\ AC,\ M,\ CS,\ NS)$$
$$= a(FC) + b(AC) + c(M) + d(CS) + e(NS) \qquad (2\text{-}5)$$

となる。(2-5)を「政治的リーダーシップ（タイプ）関数・その2」とする。ただし、係数a、b、c、d、eはそれぞれの要素が人格の中で占める割合を表しており、こちらが修正型エゴグラム分析によって判別することができることは既に指摘した。よって、必然的にこの方程式には、

$$a + b + c + d + e = 1$$

という条件が必要となる。また、各リーダーシップのタイプは、

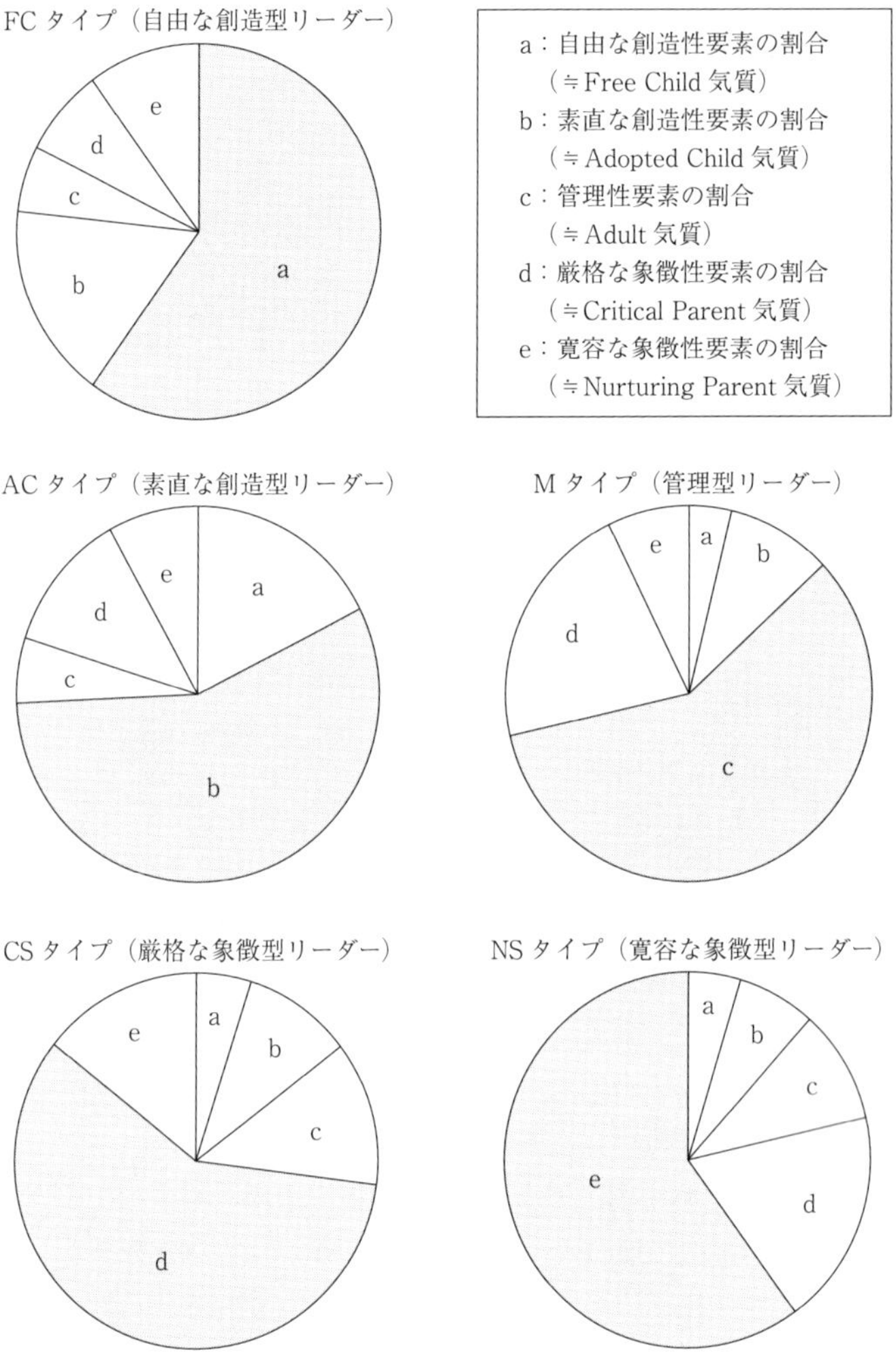

図3-3　自我状態の機能モデルと政治的リーダーの五タイプ

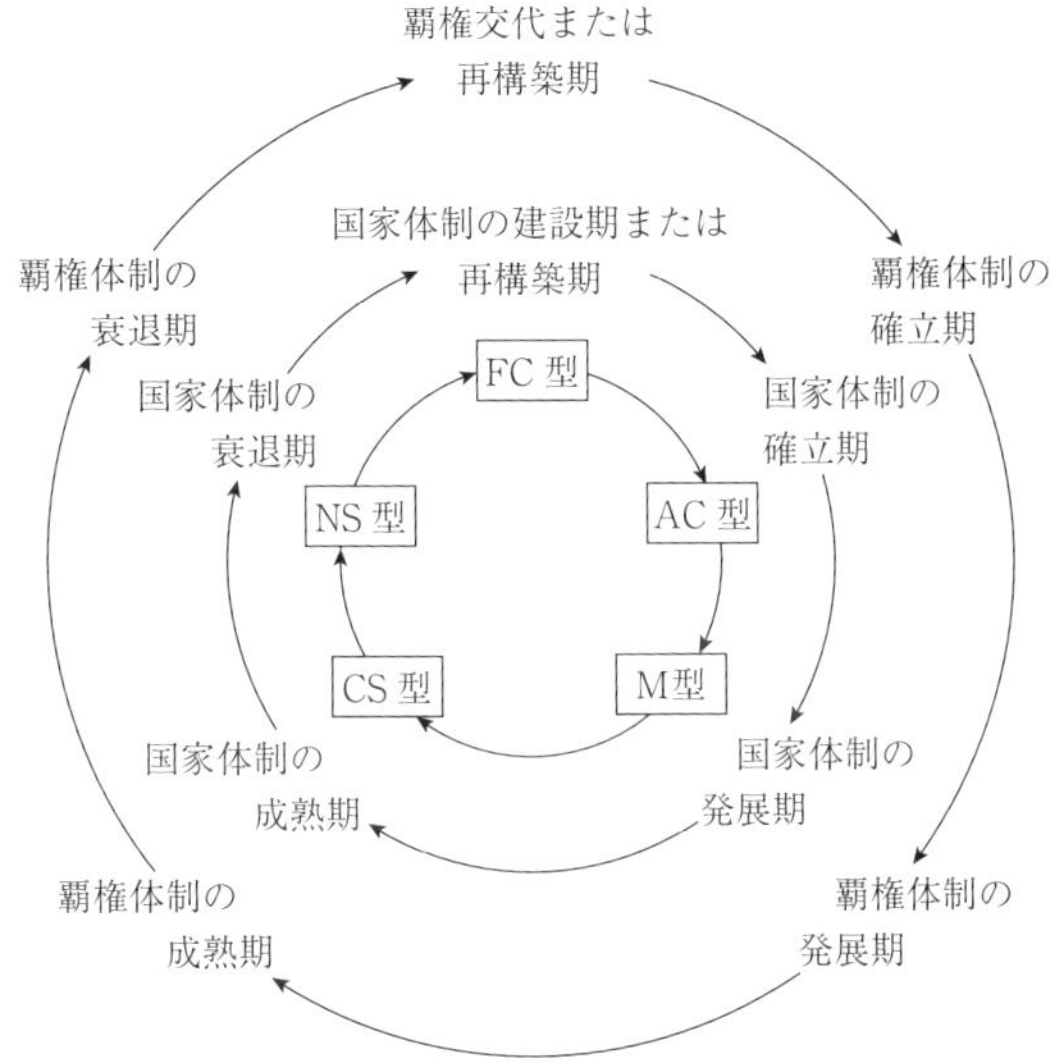

図3－4　国際環境と国家の発展段階および政治的リーダーの五タイプの連携

FCタイプ：$a>b>e>d>c$, $a>(b+e+d+c)$
ACタイプ：$b>a>d>e>c$, $b>(a+d+e+c)$
Mタイプ　：$c>d>b>e>a$, $c>(b+d+e+a)$
CSタイプ：$d>e>c>b>a$, $d>(e+c+b+a)$
NSタイプ：$e>d>c>b>a$, $e>(d+c+b+a)$

という条件によって定義されることになる。

(3) 政治的リーダーシップの五タイプとその連動関係

なお、先に自我状態の構造モデルに基づく三つのタイプによって遂行した場合と同様にして、ここでこれら五つの政治的リーダーのタイプを用いて、その望ましい連動関係を図式化すると図3-4のようになる。基本的には図3-2と同様であるが、言うまでもなく創造型と象徴型のリーダーが果たすべき役割の期間がそれぞれ詳細化している。また、今回も先ほどと同様にして、国際情勢の推移を覇権国の覇権力盛衰の諸段階として表現している。

ここでは、「素直な創造型リーダー」というものが「自由な創造型リーダー」と「管理型リーダー」との間の中継ぎ役として、また、「厳格な象徴型リーダー」というものが「管理型リーダー」と「寛容な象徴型リーダー」との間の中継ぎ役として、それぞれ有効かつ旺盛なる能力を発揮するタイプの政治的リーダーであることを示していると解釈できる(11)。

(4) 第二次的要素としての知性と徳性

ここまでの政治的リーダーシップのタイプの特定化に関する議論を受けて、本節では、政治的リーダーの資質を構成する第二次的な要素である「知性(Intellect)」と「徳性(Virtue)」について検討する。これらの要素は、政治的リーダーのスキルを構成する要素であり、いわゆる政治的リーダーシップの技量を表す概念として解釈できる。また、当該政治的リーダーが成長する過程で獲得していく後天的な要素であるがゆえに、本人の努力によってその多くを培うことができるものであり、逆に言えば、本人の努力なしには培うことが難しいものである。

すなわち、ここで言う「知性」とは、当該リーダーが成長していく過程で獲得する知識や技術のことである。特に政治的リーダーの場合には、政治家としての職務遂行に必要な社会効率に関する知識、すなわち、集団統制の技量、問題認識の能力、政策立案の才能、論理的思考の力量、自説主張の表現力などが該当する。こうした能力は、主として社会科学および自然科学の学問的訓練とともに、社会経験や家庭環境などの要因によって育成される。

同様にして、ここで言う「徳性」とは、当該リーダーが成長していく過程で身に付ける仁徳や人格のことである。特に政治的リーダーの場合には、政治家としての職務に携わる者に必要な社会正義に関する倫理観、すなわち、感情抑制の理性、社会的厚生の観念、弱者救済の理念、慈悲博愛の精神、自己犠牲の意識などが該当する。こうした能力は、主として社会科学および人文科学の学問的訓練とともに、やはり「知性」の場合と同様にして、社会経験

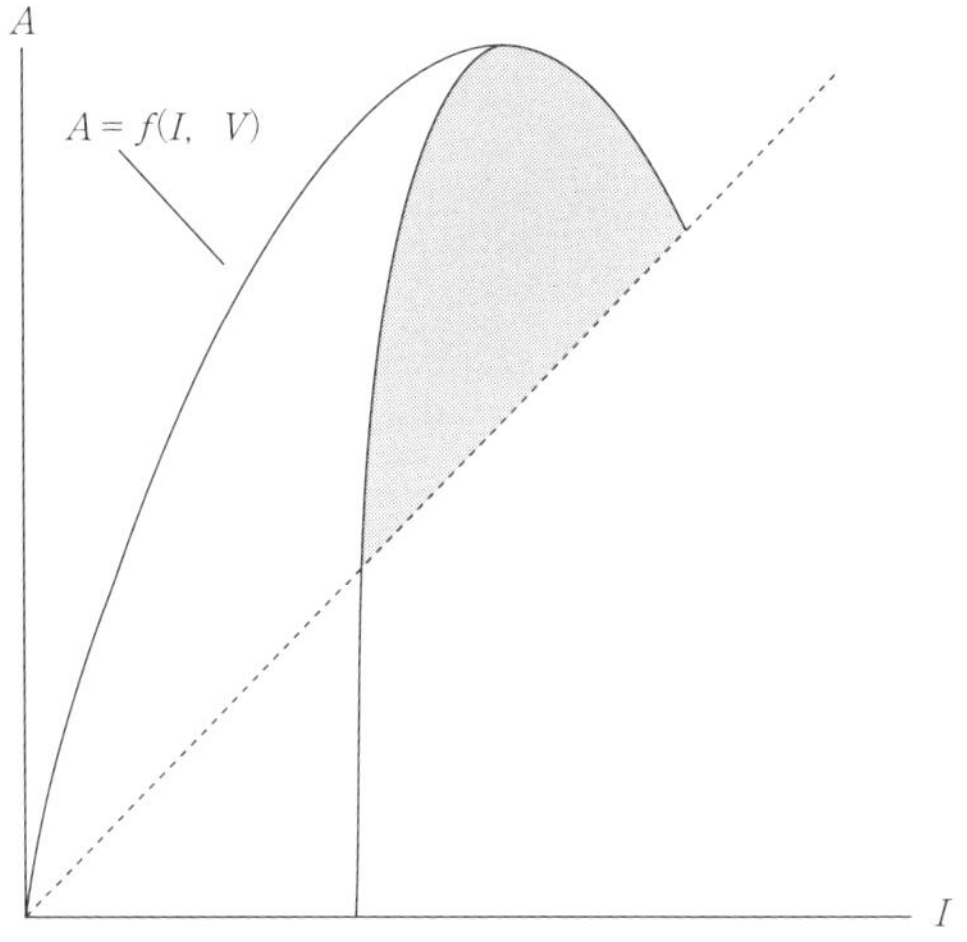

図3－5　政治的リーダーシップ（スキル）関数の図式化

や家庭環境などによって育成される。

やはり正確を期すために以上の議論を定式化しておくと、まず、Aを政治的リーダーの後天的要素の総計、Iを政治的リーダーの知性的要素、Vを政治的リーダーの徳性要素とし、IとVは相互に影響を及ぼさない独立した変数だと仮定すれば、

$$A = f(I, V) \qquad (3\text{-}1)$$

という関数を設定できる。この（3-1）を「政治的リーダーシップ（スキル）関数」とする。

ところで、ここで取りあげている知性と徳性という要素は、当該政治的リーダーの努力によって一定限度まで増大させることが可能であるが、それには限界があり、ゆえに、それは「最大値」ならぬ「極大値」をとる曲面として数学的に定式化することができる（図3-5参照）。

そこで、再び正確を期すために、Iを政治的リーダーの知性的要素、Vを政治的リーダーの徳性的要素として、これらの諸要素の関係をミクロ経済学の理論における標準的な「生産関数」にならって特定化して表すとすれば、

$$A = f(I,\ V) = Ia \cdot Vb \qquad (3\text{-}2)$$

となる。この関数を偏微分すれば、

$$A' = \partial A / \partial I = Vb \cdot aIa - 1$$
$$A' = \partial A / \partial V = Ia \cdot bVb - 1$$

となる。よって、極大または極小の条件は、

$$aIa - 1 \cdot Vb = 0 \qquad (3\text{-}3)$$
$$bVb - 1 \cdot Ia = 0 \qquad (3\text{-}4)$$

となり、前記（3-3）および（3-4）が同時成立することとなる。既に述べたように、ここでは極大値を有する凸型の曲面を想定しているため、以上の議論をより一般的に定式化しつつ、今度は極大か極小のいずれかを判別する基準を導出する。まず、（3-3）（3-4）を意味する $\partial / \partial I$ および $\partial / \partial V$（一階の I および V の偏導関数）を、さらにもう一度 I と V について偏微分すると、

$$\partial / \partial I\ (\partial A / \partial I) \text{ または } \partial 2A / \partial I2$$
$$\partial / \partial V\ (\partial A / \partial I) \text{ または } \partial 2A / \partial V \partial I \qquad (3\text{-}5)$$
$$\partial / \partial I\ (\partial A / \partial V) \text{ または } \partial 2A / \partial I \partial V \qquad (3\text{-}6)$$
$$\partial / \partial V\ (\partial A / \partial V) \text{ または } \partial 2A / \partial V2$$

となる。これらの二階の偏導関数のうちで（3-5）と（3-6）は交差導関数であるから、もし両者が連続であれば、

$$\partial 2A/\partial V\partial I=\partial 2A/\partial V\partial I$$

が成立し（いわゆる「ヤングの定理」）、極大または極小の判別が可能となる。まず、極大条件は、

$$\partial 2A/\partial I2<0 \text{ かつ } \partial 2/A\partial V2<0 \qquad (3\text{-}7)$$

次に、極小条件は、

$$\partial 2A/\partial I2>0 \text{ かつ } \partial 2A/\partial V2>0 \qquad (3\text{-}8)$$

となる。これに、極値条件としての左記を加えれば、それが単に変曲点ではなく極点であることが証明されることになる。つまり、

$$\partial 2A/\partial I2\cdot\partial 2A/\partial V2>(\partial/\partial V(\partial A/\partial I))2 \qquad (3\text{-}9)$$

であり、（3-7）（3-8）（3-9）の同時成立が極大または極小の条件となる。

4　結　論

本章の議論の要約は以下である。

①　政治的リーダーシップの研究は、資質論的アプローチと行動論的アプローチを統合する方向でなされる必要があり、なかんずく、それは人間行動の源泉であるところの資質分析に帰着する。
②　政治的リーダーの資質には、当該リーダーが第一次的（先天的）に有する要素と、第二次的（後天的）に獲得する要素の二つの種類がある。
③　第一次的要素について、自我状態の構造モデルの考え方に基づけば、政治的リーダーには、創造型、管理型、象徴型の三つの種類があり、どのタイプがリーダーにふさわしいかどうかは当該リーダーを取り巻く環境がいかなる状況にあるかに依存する。
④　自我状態の機能モデルの考え方を加味すると、政治的リーダーの種類は、自由な創造型、素直な創造型、管理型、厳格な象徴型、寛容な象徴型の五つに類型化が可能であり、その連携の順序はやはり当該リーダーを取り巻く環境に依存する。

本章の議論には、以下の課題がある。
①　リーダーの資質を構成する各要素の取捨選択とその内容を検討すること。
②　リーダーの資質を構成する各要素の数量化を試行すること。
③　リーダーの資質を構成する各要素間の相互作用と重複効果（いわゆる統計学でいう多重共線性問題）を検討すること。[12]

すでに指摘したように、いかなる人物が政治的リーダーにふさわしい資質であるかどうかという課題への対処の有効性は、当該リーダーを取り巻く環境がいかなる状況にあるのかに依存している。したがって、ふさわしい資質の人物を政治的リーダーとして選ぶためには、当該国家や社会に関するより正確な現状分析と将来展望が必要である。その意味で、「政治的リーダーシップの理論」が積極的な意義をもつか否かは、政治学の他の領域の研究動向にとどまらず、より広く法学、社会学、経済学、歴史学などの他分野の研究成果に依存している。

注

（1）資質論的アプローチは、元来は歴史上の偉大な政治家や皇帝などの統治者を研究することから始まっているため、別名で「偉人理論（Great-Man Theory）」とも呼ばれている。例えば、歴史的名著ともいうべきマキアヴェッリ（1998）などは、あまりにも有名である。

（2）資質論的アプローチの代表的な業績として、岡（2001）、塚田（2001）、田尾（1999）、石井（2005）、石井（2008）、ナイ（2008）、Blondel（1987）、Elcock（2001）、House and Baetz（1979）、Simonton（1987）などが挙げられる。また、行動論的アプローチの代表的な業績として、三隅（1984）、Misumi（1985）、ブレーク＆ムートン（1979）、Blake and Mouton（1994）、Blake and McCanse（1991）、Bovee, Thill, Wood and Dovel（1993）、ハーシー＆ブランチャード（1978）、Hersey and Blanchard（1988）、リッカート（1964）、レヴィン（1972）、Johnson, Morsen, Knowles and Saxberg（1976）、Yukl（1981）などが挙げられる。特に、政治的リーダーシップの科学的分析については、河田・荒木（2003）、フェルドマン（2006）、石井（2004①）などがある。特に、国際政治学のミクロ理論（外交政策論）における数々の業績を遺した大御所の手によるPaige（1977）は、本章の議論の先駆的業績ともいえる。なお、これらの業績のサーベイについては、石井（2004①）第一章～第三章（一四～四〇頁）などに詳しい。

（3）国家のリーダーとしての政治家と、官僚や経営者などの他の組織のリーダーたちとの相違や差異に関する議論は、石井（2004①）四六～四八頁を参照。

（4）交流分析やエゴグラムに関する議論の詳細については、石井（2009）を参照。同稿は、被験者としての対象自身の回答に頼らず、周囲の人間が客観的に被験者を分析可能な手法の一例としての意義をもつ。また、エゴグラムの原典としては、いわゆる「交流分析（TA：Transactional Analysis）」の開祖であるバーン（1994）、デュセイ（1980）、グールディング＆グールディング（1980）、客観的分析手法としての質問紙法を開発したHeyer（1979）、Heyer（1987）、スチュアート＆ジョーンズ（1991）、岩井・杉山（1993）などがある。なお、わが国の企業において広くビジネスマンの心身健康管理に適用されたことで有名な東京大学医学部心療内科編（1993）と東京大学医学部心療内科編（2006）はあまりにも有名である。

（5）　後天的要素の拡充によって先天的要素が変化する可能性は、現代では微少であると考えられている。しかし、当該人物の行動を変化させることは可能であり、それゆえ資質論的アプローチは「特定の要素を有する人物のみがリーダーとなれる意義を論じた差別主義的な理論」であり、行動論的アプローチは「だれもがリーダーになれる可能性を論じた平等で夢のある理論」とのイメージが大衆民主主義の拡大と深化にともなって広く流布したが、これは本末転倒な認識である。なぜなら、行動が変わることと性格が変わることはまったくの別問題だからである。石井（2004①）一九頁参照。他に、ベッカー（1976）など。

（6）　政治的リーダーを類型化する試みは多数試行されているが、そのほとんどが三類型であることはよく知られている。石井（2004①）五一～五四頁参照。

（7）　交流分析の開祖であったバーンの弟子のデュセイ（1980）などの議論が念頭におかれている。

（8）　例えば、国際環境や国家体制が発展期にある時は、既存の枠組みの効率性を向上させるために管理型リーダー（Mタイプ）がリーダーシップを執る適性があるが、この時に創造型リーダーや象徴型リーダーが登場すると、必要以上に国民の危機感を煽ったり（Cタイプ）、逆に、むやみに国民に安心感を与えてしまうなど（Sタイプ）、急進主義や楽観主義などの不適切な政策を施行する可能性がある。それは効率性を阻害し、当該国家の発展を蝕む結果を導出することになる。石井（2004）の第六章（六五～八六頁）で遂行されている事例研究を見よ。

（9）　マクロ国際政治理論の覇権安定論に関する詳細については、石井（1993①）第二章（特に六五～七三頁）などを参照。原典としては、Gilpin（1981）などがある。

（10）　エゴグラムの最新の研究成果である東京大学医学部心療内科編（1993）や東京大学医学部心療内科編（2006）における議論が念頭におかれている。

（11）　各段階は厳密に区別することは不可能であり、それゆえ前後の段階の状況が錯綜する局面が存在するため、「中継ぎ役」の要素を有する政治的リーダーの役割は重要である。

（12）　従属変数（被説明変数）の説明要因としての独立変数（説明変数）間の相乗効果が個々の変数の自律的な作用以上の影響を与えることを意味する統計学用語である。

第Ⅱ部　記述モデルによる理論化

第4章　地域主義の理論

1　問題の所在

いわゆる国際政治場裡において、従来の趨勢とは質を異にする現象の出現はごく日常的な問題である。現代の例を引き合いに出すまでもなく、過去数百年間の国際関係の歴史を紐解けば、人為的に制度の枠組みを設定しようとする人類の秩序志向的活動と[1]、その殻を打ち破って暴走せんとする現実事象の非秩序的潮流との間における無数の葛藤が、繰り返される度ごとに大規模な形で行われてきた。特に近年の国際社会においては、すでに序章において概観したように、従来の国際社会観を刷新するような現象の変化が数多く見られる[2]。

こうした状況下にあって、国際政治学における理論的精緻化の努力は、第一に国際政治を規定する要因の中で特に主権国家間の対外政策の相互作用に注目し、それらの政策が決定される各国内の政治過程を分析することに主眼をおくもの（ミクロ分析：政策決定論[3]）と、第二に時間的・空間的に非常に大きなパースペクティブによって、国際システム全体を構造論的・秩序論的にとらえることを目指すもの（マクロ分析：グランド・セオリー[4]）、特に後者においては、国際システム全体をその分析対象とし、そこで展開する政治的経済的諸側面における対立や協調などの動態をとらえることを目的とする議論を含むという、言わば二極分解の傾向をもって発展してきた。そして、特に後者の中の新理想主義においては、六〇年代からの国際統合理論の系譜を継承しつつ、七〇年代の相互依存論や八〇年代のレジーム論などに見られるように、学術的見地から見て最も発展的かつ有意義な議論の蓄積が成されていると言える。

しかしながらこれらの議論においては、例えば国際機構がもつその政治的機能の分析や、国際秩序論としての規範的意義に対するアプローチ、さらには政策的インプリケーションなどの諸点において多くの論理的弱点が見受けられる。そして、そこではより分析的なモデルによる理論の精緻化が必要とされているのである。

このような問題意識に基づいて、本章は、空間的により限定された狭義の国際関係としての性格をもつ地域主義的国際秩序の分析、特にその域外共同行動の概念的モデルによる分析を通じて、現代国際政治理論のより一層の精緻化へ向けての努力の布石とすることを目的としている。言うまでもなく本章のこのような問題意識の背景には、新たな変革期を迎えた国際社会における秩序構築の主体としての国際機構がもつ政治的機能への期待が込められており（古典的理論への回帰）、換言すれば、国際政治場裡における地域主義を含めた国際機構、あるいは広義の国際協調の存在意義をその政治的機能に求め、特に国家間紛争の平和的解決やその防止という視角からのアプローチによって[5]、国際秩序の構築・維持へ向けて政策論の設立を目指すという大きな目標が頭上に仰がれている。またそこに、これまでにおいて検討されてきたマクロ理論とミクロ理論の交錯、特に、ミクロ理論によるマクロ理論への接近という視角からの論理的な検討の基礎を提示することも、重要な目的の一つとして設定されている。

そこでは従来の国際機構や国際秩序、または地域主義的国際関係の研究成果における顕著な特徴であった、事務的手続きや紛争処理に関する個別事項を丹念に考察したり、また各国の対外政策形成の歴史的背景を詳細に検討するという研究手法とは違い[6]、より分析的にその動態を政治学的に考察するという姿勢において、従来の試みには見られなかった新たな貢献をすることが期待される。また、かつてのグローバリズムや理想主義、あるいは新機能主義的な国際統合理論は、相互依存の側面として特に経済活動における国家間交流の増大が国際協調を促進するというプラス面を重視していたのに対して、それが同時に政治的領域における国際的な摩擦や紛争の機会をも増大させるという事実を踏まえている近年の相互依存論や地域主義的議論の前提の上に立脚している点も注目に価する[7]。

まず、地域主義における対外共同行動の分析的枠組みとしていわゆる社会組織の動態論に示唆を得た記述モデルを設定し、次に、実証研究のための仮説を提示する。さらにこの章の締めくくりとして、それらの仮説を、従来の国際政治理論の中で位置づける。

なお、本章においては国際政治を「主権国家をその主要な構成要素とする『国際』関係」と概念定義しており、対立や協調、または機構などの用語はあくまで「国家間」のそれを意味しており、したがって多国籍企業その他、民間の非国家的行為主体（ＮＧＯ）については研究の守備範囲としない。また、本章は国際システムの中の地域主義的規模における国際関係という空間的限定、さらにその中の対外共同行動という時間的限定の設けられた狭い範囲における国際政治の動態を分析するのみにとどまる研究であり、その意味で、言わば国際機構や国際協調に関する全ての動態を分析し得る一般理論の構築は目指されていない。なぜなら、国際政治理論は、あくまで国際政治の動態の中でより限定された問題領域に対して適用されるべき「諸」理論の並存という、多元的研究の蓄積によって精緻化されるものと考えられるからである。

2　分析的枠組み

既に述べたように、本章の目的は、従来型の研究には少なかったモデル分析という手法によって地域主義的国際協力機構における対外共同行動の分析を行い、もって限定的な問題領域における国際秩序の構築・維持という現象に関わる政策論的な議論の理論的基礎を提示することにある。

そこで本節では、次節で展開される実証研究に必要な分析的枠組みの整備を行う。まず第一項においては、特に経済学的な研究領域において発展した社会組織の動態論に示唆を受けてこれを本章の研究の守備範囲と関連する枠内でモデル設定のために応用する布石とする。ついで第二項では、これらの議論を土台とした地域主義における対外共同行動の分析に使用する記述モデルを想定し、議論の精緻化のための仮定条件の整備を行う。さらに第三項においては、これらのモデルから導き出される仮説を提示して次節への橋渡しとしたい。

（1）社会組織の動態論

かつて政治過程論や圧力団体論の研究者達は、各集団間の妥協や取引の結果、一種の政治的均衡状態が生まれることを指摘した。彼等が念頭においていた前提は、集団とその構成員達の目的や利害の一致と、協力的活動ないし費用負担の了解であったと考えられるだろう。すなわち、集団の合理的行為者モデルである。しかしながらこのような二つの前提は、特に問題領域の違いや状況の変化によって著しい疑いをもたれることになる。したがって、集団利益と構成員の個別的利益の不一致および非協力的活動の可能性を前提とし、もって社会組織の動態論を展開したのが、後年の公共選択論者達であった。以下、彼等の議論に従って、集団・組織の形成、運営管理、問題解決および危機克服などの諸局面において概観する。[8] 地域主義的国際機構も組織としての側面をもっているのであるから、そのような題材に関する一般的な議論を検討することは有意義であると思われる。[9]

さて、集団形成の要因は、一般に①共通目的の存在と②帰属意識に求められる。特に集団全体の特定利益である前者は、構成員の個別的利益と必ずしも一致しないことが指摘されている。全体の利益をもたらすものは非排除性と非競合性をもつ公共財（集合財）であり、[10] 個別的利益をもたらすものは私的財の性格をもつものだからである。各人は、他の人々とのある共通の利益の獲得を目指して、または集団生活における安心感を求めて、それぞれ集団を形成するのである。

しかしながら、集団の運営管理における集団目的と個人的合理性の衝突が構造化されている限り、そこに非協力的活動が発生する可能性が存在すると言える。すなわち、構成員としての費用を負担せずにその便益を享受するフリー・ライダーの発生である。そして、このような「ただ乗り」の発生頻度は、当該集団の構成規模に依存している。なぜなら、小さい集団ほど集団全体の便益と構成員個人の便益の比率は大きく、利用者の増大が公共財の効用を低減させ（純粋公共財の存在不可能性）、構成員の費用負担の可能性は高くなり、同時に自発的活動や連帯意識が強まる（教育・宣伝の効果やコミュニケーションの機会が多い）ので、フリー・ライダーは発生しにくいと考えられるからである。これに反して大集団の場合には、構成員の費用負担額が全コストに比べて小さいので、特定少数の個人による費用負担の拒否が公共財の供給にあまり影響を与えず、他の構成員もフリー・ライダーに注目しない。そして、大規模集団に特有の「タカリ精神」がまかり通るために、ただ乗りが横行してしまうのである。

こうした問題の解決方法として、①公共財に対するコスト分担以上の評価をもつ個人による私的供給、②副産物の供給（公共財＋私的財）、および③他者からの動機付け（報酬・罰則・強制）による供給（政治的企業者の存在）[11]などが考えられている。この中では、特に最後の方法が注目され、政治的企業者の「搾取」に対する構造的制約が論じられてきた。それは、過度の搾取が集団の生産性低下や資源の浪費を招き、他の企業者との競争力を失わせ、構成員の能力を越えた要求（強制の発動）が、自発性の低下や負担の拒否（非協力的活動）を助長するというものである。

ところで、ある共通目的実現のために形成され活動してきた集団が、仮にその目的達成に失敗した場合にいかなることが起こるのであろうか。このように組織が目的実現に失敗した場合は、一般には「危機管理」の問題として論じられてきた[12]。そこでは、集団の機能回復の方法として、「退出」と「発言」という枠組みが設定されている。前者は、集団の構成員が自己の所属する組織に対する不満のゆえにより目的達成可能性の大きい別の組織に移動することであり、後者は、そのような当該組織に対する不満を公に表明してその改善を要求することである。集団構成員がこのような二つの行動のいずれかを選択することにより、危機状況にある組織の機能の回復や活性化への契機がはかられるというわけである。その際、当該組織の指導的立場にある人間が、このような構成員達の行動の選択により、自己の集団内政策に対する評価や反応に関する客観的かつ正確な情報を収集することが期待されるのである。ここで注目すべきは、発言は退出が用いられない場合の補足的・代替的手段として位置づけられていることである。

すなわち、退出の決定は発言による政策改善可能性に依存しており、逆に発言の努力による改善可能性は退出可能性の大小に依存している。換言すれば、当該組織のほかに構成員にとってより魅力的な別の組織が存在するかどうか（代替可能性）、もし移籍した際に予想される利益と移動のために費やされるコストはどうか（機会費用問題）、そして公式・非公式チャネルの存在や文化的要因など、さまざまな領域にわたって影響を受けることになるのである。さらに、ここでは当該組織に対する構成員の「忠誠」という概念が提示されている。これは、退出と発言を共存させる機能をもつと言われている。組織に対する忠誠は、退出の決定にモラトリアム期間を与えて発言努力を助長するというわけである。したがって、忠誠の退出に対する障壁の高さは、当該組織の回復機会の大きさに等しく、言わば前述の代替可能性に影響されるのである。

従来、政治システムにおける議論では、その代替可能性の小ささのゆえに退出が集団の回復機能を発揮できないと論じられてきた。しかしここでも、亡命（政治的要因による退出）や移民（経済的要因による退出）という形で、国家システムにおいても退出が存在するという議論がある[13]。そこでは、特に移民の政治的経済的効用が考察され、それが退出される側の国内的緊張の緩和（人口増加の抑制、失業率の緩和、社会的不満の軽減）に役立つことが指摘され、また逆に資本や頭脳の流出を招くというマイナス面も議論されている。これは、退出がその量的（多少）および質的（遅早）な度合いによって機能的な弱点をもつことを意味しており、当該組織が回復可能な程度を越えた退出は、かえって状況を悪化させてむしろ組織崩壊の契機となることを示唆するものである。

以上のような社会組織の動態論は、社会的な集団や組織がいかに形成され、運営され、危機的状況に陥り、回復もしくは崩壊するかを一般的に論じた理論である。この枠組みを基礎とした政治学や経済学における応用研究の成果は、膨大な量にのぼっている[14]。ここでは、分析レベルは企業、圧力団体、利益集団などの特に国内の経済主体が設定されていたが、次項では、このような議論を土台として地域主義的な国際協力機構の動態に関する議論を展開する。

(2) 地域主義的国際協力機構の動態モデル

およそあらゆる国際機構は、条約や憲章などの明示的な形によって自己の設立理由をうたっている。そこでは、経済協力であれ集団安全保障であれ、加盟国や構成国の何らかの共通目的（共通利益）の存在が前提されている。したがって国際機構の形成要因は、何よりも①構成国の共通利益の実現と②国際的集団行動に対する帰属意識ということになろう。言うまでもなくこのような状況においては、構成国全体の利益と各構成国の個別的利益が一致しない場合も多いであろう。しかしながら、古典的な同盟関係から近年の国際政策協調に至るまでの事例に見られるように、国際社会における問題領域や国内外の諸状況によって、各国の利害関係にある種の共通項が見出される場合も多い。したがって、国際機構も他のレベルの集団や組織と同様に、構成国全体の利益（国際公共財）と構成国の個別的利益（国益）が共存する範囲内において集団行動が成立すると言えよう。このような国際公共財とは、例えば当該地域における安全保障やレジームの形成などのように、非排除性と非競合性をもっているものであり、国際機構の役割は、このような国際公共財を供給するために各構成国間の個別的利害を調整することにあると考えられる。

しかし、そこでは構成国全体の目的と各構成国の合理的行動が、時に相反して衝突する場合もあろう。なぜなら、構成各国は可能な限り少ない費用負担でできるだけ多くの便益を享受しようとするからである。国連などの事例に見られるように、国際機構の活動にともなう費用負担は構成国間で非対称的である場合が多く、こうした場合には非協力的活動やフリー・ライダーの問題も生ずるであろう。ただし、特に地域主義的な国際機構においてはこの種の問題は妥当しにくい。なぜなら、国際システム全体を一つの集団として見る場合と特定の空間的に限定された地域を対象とする場合とでは、言うまでもなくその構成規模という側面から見て相違するからである。

ところで、一般に近代の国際システムは、大集団としての性格よりも小集団としての特徴を有していると言われている。(15) 相互依存関係の進展によって各国の主権が制限され、一国の行動が他国の意向に敏感に影響を受けるようになったからである。より具体的には、国際機構の共通目的とは、安全保障共同体の設定や経済的政策協調といった非常に重要な問題領域である場合が多く、したがって構成国全体の便益と各構成国の便益の比率は比較的大きく、各構成国の費用負担の可能性は非対称的といえども高く、各国の自発的活動や連帯意識の育成はその接触機会の増大にともなって高まることも期待できるであろう。

ただし国際的コミュニケーションの増大は、相互理解と共に紛争や摩擦の機会をも増大させる可能性をもっている。また、ある国際機構における加盟国の増大は必ずしもその構成各国の効用を低下させることはなく、むしろ集団全体としてのバーゲニング・パワーの強化という政治的機能の拡充を生むと考えられる(16)。それらに加えて、国際機構においては「タカリ精神」は顕在化しにくい。なぜなら、各国の費用分担の割合は活動の全コストの中で比較的大きく、ある国の非協力的活動が国際公共財の供給に大きな影響を与えるからである。また、各国は自己の費用負担が大きなものであるがゆえに他の構成国のコスト分担に注目し、常にフリー・ライダー発生防止のための監視を行うであろう。そして、こうした傾向は特に地域主義的規模の国際機構において顕著に見られるものである。

さて、国際社会における公共財供給に関する「ただ乗り」問題の解決方法はいわゆる「覇権」である。すなわち、自らの分担コスト以上に公共財を評価する国があれば、そこでは財の私的供給が行われる可能性が存在する。例えば、かつての米国は国際システムにおける自由主義的貿易体制の擁護をおよそ独力で行っていたし、現在では先進資本主義諸国間の政策協調という形でこれが継承されている。また、副産物の供給や政治的企業者という概念も、このような事例の中に例証し得るであろう。先進諸国は、安定的な国際秩序(公共財)と共にそこから得られる個別的な国益(私的財)獲得の可能性によって協調行動に従ったのであろうし、米国による他の国際社会の構成メンバーに対する費用分担の要求(バードン・シェアリング)は、これに従わなかった場合の罰則や強制を背景としたものである(17)。さらに、政治的企業者(覇権国)の腐敗防止の制約についても、覇権国による構成国への過度の搾取や能力以上の負担要求は、自発性の低下、非協力的活動(費用負担の拒否)の発生、生産性減退、資源の浪費などを招き、他の覇権候補国との競争力の低下によって覇権の移行を招く恐れをもっているのである(18)。

ところで、国際機構がその生成時に掲げた目的実現に失敗して危機的状況に陥った際には、構成国のいかなる行動が予想されるであろうか。そこでは、各構成国には二つの選択の余地があろう。一つは、より目的達成可能性の高い別の国際機構に鞍替えすることであり（退出）、二つには、自己の所属する国際機構の中で政策的な改善を要求することである（発言）。構成国のこのような行動は、危機状況に陥った国際機構がその機能を回復するための活性化への契機となることが期待できる。国際機構の指導的立場にいる人々が、構成国のこのような行動によって、自己の政策に対する反応・評価についての客観的で正確な情報を収集できるだろうからである。また国際機構における発言も、退出が用いられぬ場合の補足的・代替的手段として用いられる。したがって、やはり退出の決定は発言による当該国際機構の政策改善可能性に依存しており、発言努力の度合いも退出の可能性を背景として強力になる。同様にして忠誠も、構成国の不満の存在が直ちに退出に結び付かないようにそれを遅らせ、発言に対する指導部の脅威を煽ることになる。結局、忠誠の退出に対する障壁の高さは、ここでも当該国際機構の機能回復機会の大きさに等しく、それは他の国際機構の存在の遠近、すなわち、代替可能性に依存していると言える。

さて、国際機構における退出は、退出される側にとって種々の緊張緩和に役立つであろう。それは、当該国際機構に不満をもつメンバーの減少によってより強固な国際的結束と帰属意識の形成を生むであろう。しかし逆に、国際機構の構成国の量的減少は、集団全体としてのバーゲニング・パワーの低下をも意味し、したがって退出によるプラス効果の発生のためには、あくまでもその量的および質的な程度が問題になる。あまり多くの構成国の退出は、回復の機会どころか、かえって国際機構自体の崩壊を招くことになろう。しかし国際政治のレベルにおいては、ある国際機構からの一国の脱退は極めて重大なニュースになるであろうから、わずかの退出でも十分に政策に対する不満の存在を指導部に伝達することが期待できる。また、特に地域主義的な国際機構においては、地理的要因の拘束によって加盟している場合も多いのであるから、不満の存在が直ちに退出行動へと結び付く可能性は薄いと考えられる。結局、構成国の退出行動は、やはり当該国際機構が回復可能な程度に抑制される限りにおいてその機能を発揮すると言えよう。

また、国際政治レベルの議論においては退出可能性が少ないという議論は他にも存在する[19]。すなわち、現代の国際社会は非対称的ながらも経済的結び付きの強い相互依存世界（例えば南北間の交流など）であり、退出の経済的コストは極めて大きいと言う。また退出先の選択肢、例えば自由世界から社会主義への移行とか地域主義からの離脱による鎖国化などの代替的行動の選択肢は限られており、またそれが必ずしも当該国際機構に比べてより満足の得られるようなものである保障はない。しかも、国内的混乱や他国からの干渉などの退出にともなう制度的コストも大きい。加えて発言の内容が、全体的な国際関係そのものよりもより個別的・具体的な問題に力点が置かれがちであり、こうした問題領域の限定によって、退出のコストに対する発言による政策改善可能性が大きくなっているのである。こうした状況に鑑みれば、発言の場を提供する言わば「フォーラム」としての国際機構がもつ政治的機能の重要性は、従来よりも高まっていると考えられる。

さて以上のように、社会組織の動態論に示唆を受ける形で、特に地域主義的な規模における国際機構の動態に関して概略的な議論を展開すれば、そこに実証研究の分析的枠組みを想定する際の重要な仮定条件を導き出すことができる[20]。

それは、第一に、地域主義的国際機構に参加する諸国家は、他の構成国と共通の利益と自己の個別的な国益が共存する範囲内において集団行動を展開するということである[21]。すなわち、ここではあくまでも国家を合理的選択行動を行う行為者として設定する。したがって仮に地域的利益と国益との間に共通分母が存在しない場合は、そこに協力機構は生成しないことになる。もちろん、言うまでもなく地域主義の場合にはその制度的基盤としての地理的要因のもつ意義が極めて大きい。つまり、ここで言う国益とは、経済的な利益とともに政治的な利益も含めた総合的な概念である。

第二に、地域主義的国際機構は、もとより地域内の構成諸国家間の利害調整を通じてその結束を促すための制度的枠組みであるから、その政治的機能は対内的調停力と対外的交渉力からなり、後者は前者の従属変数と考えられる。したがって、構成国間の結束無しには対外的交渉力の拡充は有り得ないと考えられる。こうした点は、特に発展途上国間で取り行われている地域主義的国際協力の事例に関する議論において重要な意義をもっている。

本章において、こうして地域主義を「地理的に隣接した地域内の諸国家間利害関係を調整することによって対外交渉力の拡充や当該地域における構成諸国間の武力紛争の回避や経済協力活動の進展などを実現することを主要な目的として活動する国際政治協力機構」と定義し、その構成国の行動準拠を①国内政治事情の国際政治事情に対する優先（主権の相互尊重）、および、当該地域の政治的安定が先進諸国の直接投資の誘因となるという経済的発展に関する各国の認識という角度からの考察に鑑み、②地域主義的機構全体が発揮する政治的機能の経済的機能に対する優先、もしくは後者を前者の従属変数として位置づけることの各構成諸国の認識の一致性と定義すれば、当該分析対象の動態の局面の中で最も注目すべき事象は、おのずと「対外共同行動」の部分ということになる。

さらに、ここでは国際秩序という言葉を非常に柔らかい意味で用いており、国際政治場裡における諸国家の行動が統制されたり、それがある一定のルールに基づいているというような状況ではなく、言わば「混沌」や「混乱」の状態には陥っていないような、一種の「安定」的ないし「定常」的状態を指している。国際秩序のこうした消極的な意味の規定に従って[22]、ここでは地域主義的国際秩序を「当該地域における諸構成国家の行動に関する基本的な制度的枠組みが崩壊にまで到達しないような状態」と定義する。こうした概念の整備によって、以下に仮説の導出を試みる。

(3) 分析的枠組みと仮説の提示

一般的に言えば、地域主義的な国際機構の動態を分析する場合には、第一にその生成過程の段階、第二にはその活動の遂行にともなう運営管理の段階，第三には何らかの原因によって機能障害に陥って危機的状況になった場合の対処の段階，そして第四に，そうした状況からの回復ないしは崩壊の段階という四つの局面が考えられる。

この中で，特に第三の段階においては，域内構成国の利害対立による混乱であれ域外からの圧力を受ける場合であれ，そこでは当該国際機構の政治的機能に関する最も重要な要素が関連してくると思われる。換言すれば，当該機構の政治的機能はこうした危機的状況の場面において集約的に発揮されると考えられる。したがってわれわれは，このような危機的状況の局面における当該機構の行動分析を通じ，多くの示唆を獲得することを期待できるであろう。特に地域主義的国際機構の場合，こうした危機的状況は往々にして域外からの強力な勢力による「外圧」である場合が多い。

そこで本章では，まず危機的状況を「地域主義を構成する諸国家の利害対立や外圧によりそれ自身の制度的枠組み自体の維持が動揺するような状況」と定義し，次にそうした状況に際してしばしば行われる対外共同行動を「地域主義を構成する諸国家の利害対立を調整し，内的混乱や外圧に対する全体のバーゲニング・パワーの拡充をはかることを目的として行われる構成諸国家間の国際協調的活動」と概念定義する。

このような論理展開をしていくと，以下に示されるような地域主義における対外共同行動の実証研究を行う際の分析指標となり得る仮説が設定されるであろう。ここで重要なのは，対外共同行動を行う際に，各構成国がいかなる意図によってこれに参加するのかということと並んで，それがどのような期待収益を及ぼすのかという点である。

第一に，もし地域主義の各構成諸国が前記のような行動原理をもって活動するならば，危機的状況に陥った地域主義において各構成国が諸国間の利害調整を行う場合には，発生した問題の領域を限定したり，争点の転換をしたり，または懸案事項となっている問題を域外のものとして移行したりすることによって，機構全体の制度的枠組み自体の堅持に各国が努力する（仮説①）。

第二に前記と関連して、危機的状況に陥った地域主義における構成国の利害調整の場面においては、当該機構が発揮する「発言」の場の提供という政治的機能が、このような域内諸国の利害調整を通じ地域主義全体としてのバーゲニング・パワーの拡充を生み出すことに貢献するであろう。そして、そこでは構成国の「合意の形成」というよりも、むしろ「合意し得ることの模索」(山影進)とも言うべき活動の努力が成される(仮説②)。

第三に、より重要なこととして、こうした当該機構がもつ「発言機構」としての機能は、構成諸国間の対立状況に関する具体的な調停能力というよりも、言わばその「存在」自体によって構成国間の紛争・摩擦を緩和する機能を果たしている(仮説③)。

さらに第四に、域内構成諸国の利害調整の結果実現された地域主義における対外共同行動は、逆にそれによって域内諸国の結束を強化するというフィードバック機能をもっている。そこでは、対外共同行動という現象を言わば「結束の象徴」として各国が認識し、そのような「経歴」の蓄積によって地域主義としての結束を強固にするという期待が含意されている(仮説④)。

最後に、対外共同行動を行う場合の地域主義構成諸国は、その行動によって獲得され得るバーゲニング・パワーの拡充という「政治的利益」を重要視しており、そこではこうした利益の認識がいわゆる経済的相互依存関係に由来する制約を超越することになる。換言すれば、対外共同行動は、経済的相互依存ではなく「政治的相互依存関係」の認識を契機として実現される国際的協調行動と考えられる(仮説⑤)。

もちろん、この他にも、共同行動を政策的に選択する際の各国内の政策決定過程や、実際にいかなる種類の政策手段を選択するかなどの局面における仮説の設定も可能であるが、ここでは特に、地域主義の構成諸国がいかなるインセンティブによってこうした活動を行うのか、または、そうした行動の遂行からどのような収益の獲得を期待しているのかという点に関する仮説を設定するにとどめておく。

さて、以上のような仮説を検証するために、以下、ＡＳＡＥＡＮ地域主義における対外共同行動を題材とした実証研究を展開する。ただし、この議論ではいわゆる「記述モデル」による分析が行われているが、ここでは研究の目的として種々の政治的要素の分析が念頭におかれており、そうした要素は現時点において計量可能な指標に翻訳することが困難であり、同時に、後の機会において数量分析を実現する際に、これらの要素をどのような数量化手法を使用して変数に翻訳するのかという問題を考察する意味でも、まずもって、記述モデルによる分析が必要なのである。

なお、前記の理論的検討によって導出されたモデルは、以下のように総括することができる。すなわち、「危機的状況に陥った地域主義の構成諸国は、発生した問題領域の限定や争点の転換、懸案事項の域外移行などによって諸国間の利害調整を行って機構の制度的枠組みの堅持に努力をするが、このような過程において発揮される当該機構の構成諸国の『発言の場の提供』という政治的機能は、域内諸国の利害調整を促進して地域主義全体としての団体交渉力の拡充に貢献し、さらに、これによって実現された対外共同行動の経験の蓄積は、域内諸国間の信頼醸成と自信の付与を通じた地域主義自体の結束強化という循環機能を発揮しており、これは構成諸国間における政治的相互依存関係の認識を契機として実現される国際協調的活動の一類型である」ということである。

しかしながら、こうした議論をいわゆる「地域主義における対外共同行動の『一般理論』」と呼ぶのは重大な誤謬である。敢えて言うならば、これ自体が地域主義における対外共同行動分析のための「仮説」ないし「分析的枠組み」にすぎないとも言える。なぜなら、これが「一般理論」と呼ばれるためには、第一により厳密な仮定条件の整備とモデルの設定、より論理的整合性を踏襲した仮説の提示とより詳細な資料検討による実証研究と共に、第二に二つ以上の事例を取りあげた比較分析が必要であるからにほかならない(23)。

3　国際政治理論的意義

本章のこうした議論の試みは、従来の国際政治の理論的研究の中でいかなる位置を占めるのであろうか。ここでは特に、国際機構と国際秩序に関する問題領域の事項を取りあげて論じてみよう。

まず国際機構論は、かつての国際政治学の黎明期時代から、国際法の研究と共にいわゆる制度的アプローチの主流を成してきた研究分野である。そこでは、種々の国際機構の具体的な制度・構成・歴史・行動などに関する記述を通じて、当該国際機構がいかなる機能を果たすことが期待され、かつ実際にいかなる機能をもっているのかが論じられていた。特に、国際政治場裡において実際に発生した紛争などの問題解決において、これらがどのような手続きを踏んで対処したかが重んじられ、言うまでもなくそこに国際機構の動態に関する分析的なモデルの構築が志向されるようなことはなかった。その後、国家間紛争や政策決定、または国際統合などの諸研究領域において国際政治理論が目覚ましい発展を遂げたにもかかわらず(24)、国際機構をめぐる議論においてはその研究対象の種類に幅がみられこそすれ、研究手法はあくまで制度論的・静態論的であった。

こうした研究動向の中で、将来における研究姿勢として重要なことは、第一に分析的ないし一般的な議論を展開することである。こうした研究においては、分析対象とする国際機構の構造的側面の考察と共に、それらの研究データの蓄積とフィードバックを通じたより精緻な理論化の試みが必要であると思われる。第二には、当該国際機構の生成・運営管理・危機的状況・そして回復ないし崩壊に至る時系列的な動態に関する議論の展開である。こうした議論においては、当該国際機構の各発展段階に関わる外生要因の考察も含めた議論の精緻化をはかることが重要である。そして第三には、政策論的ないし規範的なインプリケーションへの志向ということである。そこでは、国際機構がなぜ生成するか、運営管理上いかなる問題点が存在するかにとどまらず、そのような問題を解決するためにはどうすれば良いのか、なぜ機能障害が引き起こされるのか、それを緩和するためにはどのような方策を用いるべきかなど、多くの示唆を得られるような議論の展開が必要である。

こうした角度から本章の議論を見れば、それが国際機構に対する新たな視座を提供した点については評価されるべきである。すなわち、本章の分析は、国際機構の政治的機能をその「行動」ではなく、それ自身の「存在」そのものに見出すという議論だからである。そこでは、地域主義的な国際機構における各構成国の「発言」が、当該地域の国際秩序の構築・維持に役立っているという含意が設定されているのである(25)。このような論理に従えば、本章の議論はいわゆる国際秩序論としての意義をもっていることが推測できる。

われわれが既に見たように、現代国際政治学における国際秩序論の主流が国際協調の議論であり、そして、そこで言われている共同管理体制では、国際システムを構成する各国が政策協調のために協議をすることを前提としているならば、各国が自己の利益を主張したり他国との利害関係の調整をはかるための「発言」の場を提供するという国際機構のフォーラムとしての政治的機能がより注目されるべきである(26)。

しかしながら、ここで論じたような方向で本章の議論が理論的な発展を遂げるためには、特に国際法など他の制度的枠組みの動向をも視野に含めた上で、明確な動態論的および政策論的な研究の志向性をもちつつ、理論と実証のフィードバックを通じた比較研究と理論的精緻化が必要であることは言うまでもない(27)。

4　結論

(1) 要約

本章は、社会組織の動態論に示唆を受けて、これを土台として地域主義的国際協力機構の動態に関する概略的なモデルを展開した。そこから特に地域主義における対外共同行動に関する分析的枠組みを設定し、これを用いて記述的手法による実証研究によって検証した後に修正した上で、これらの議論を従来の国際政治理論の発展の系譜の中で位置づけた。以下では、その過程で明らかになったことについて列挙する。

まず第一に、公共選択論の研究領域で発展した組織の一般動態論は、当該組織の生成から機能回復ないし崩壊に至るまでの各局面における分析の視座を提供するものであったが、本章ではこれを基礎的な議論の土台として、若干の修正を加えた上で、国際機構、特に地域主義的規模における国際協力機構の概略的モデルを設定し、中でも当該地域主義における各構成諸国による対外共同行動の動態に関する分析的枠組みを導出した。ここで、枠組み設定に至る論理的展開におけるモデルの修正段階で留意したことは、国内社会と国際社会および国際機構一般と地域主義的国際機構のアナロジーに関する部分であった。

第二に、このような地域主義的国際機構の生成・運営管理・危機的状況・機能回復ないし崩壊に至る諸段階に関する概略的な動態モデルをもとに、その中で特に地域主義における対外共同行動実現の局面を取りあげ、その動態に関する仮説を導出した。そこでは地域主義を「地理的に隣接した地域内の諸国家間利害関係の調整による対外交渉力の拡充や地域内構成諸国間における武力紛争の回避、経済協力活動の進展をはかる国際協力機構」とし、その構成国の行動準拠を「国内政治事情に対する国際政治事情の優先と機構全体の経済的機能を政治的機能の従属変数としてとらえる認識の一致性」とし、また地域主義的国際秩序を「当該地域を構成する諸国家の行動に関する制度的枠組みの維持」と定義し、さらに危機的状況を「地域主義の域内における混乱や外圧によってそれ自身の制度的枠組みが動揺するような状況」と規定し、対外共同行動を「危機的状況において諸構成国間の利害調整を通じたバーゲニング・パワーの拡充をはかるための国際協調的活動」と概念定義した上で、以下のような仮説を提示した。

すなわち、危機状況下の地域主義における構成諸国間の利害調整に関する問題領域限定、争点転換、懸案事項の域外への移行活動（仮説①）、危機状況下の地域主義における構成諸国間の利害調整のための「発言の場の提供」という政治的機能（仮説②）、地域主義的国際機構の「発言機構」としての機能における直接的利害調整機能に対する間接的機能の優越性（仮説③）、対外共同行動と地域主義的結束固めとのフィードバック機能（仮説④）、対外共同行動の契機としての経済的相互依存関係に対する「政治的相互依存」の認識の優越性（仮説⑤）という五つである。

第三に、現代の国際政治理論における三つの代表的パラダイムである新現実主義、新理想主義、新マルクス主義のそれぞれにおいては、少なくとも中・短期の将来における国際システムを構成する諸国間の国際協調によるシステム安定状態の維持という規範的・政策論的意義が含意されている。こうした国際協調の制度的枠組みとしての国際協力機構、特に地域主義的規模における国際協力機構の存在意義を論じた本章の試みは、従来あくまで静態的ないし制度論的なアプローチによって研究されてきた国際機構論という研究領域に、動態論的ないし政策論的分析という新しい視座を提供したという点と並んで、それがもつ国際秩序論的視座という意義からも評価されるものであった。しかし、そこでは今後の研究における理論と実証の絶えざるフィードバックによる議論の充実が必要であると指摘された。また加えて、ここでの議論は、国際政治のマクロ理論とミクロ理論の分析視角が交錯する問題領域において、特にミクロの理論がマクロの理論へ接近する場合の論理的な意義を考察する題材としての意味をもっていたと言える。

以上のような本章の議論の展開を踏まえた上で、今後の研究における課題を模索する意味から、ここでの研究の問題点を指摘すれば以下の通りである。

まず第一に、社会組織の動態論は本来は国内の経済主体を念頭においた集団・組織一般を研究対象とし、特に経済学や経営学の領域において発展したものであったが、本章ではこれらの一般的な議論に示唆を受けて、これを修正した形で地域主義的な国際協力機構の概略的なモデルとして応用した。そこでは、言うまでもなく国内社会における組織と国際社会における国家間協力の形態としての国際機構とのギャップの部分におけるアナロジーを中心とする多くの論理的弱点が見られたが、いわゆる組織的活動というものがもつ一般的な特徴を抽出するという目的の側面から考えても、言わば許容範囲の中での「論理の飛躍」としてある程度の便宜を受けるべきものであったと感じられる。しかしながら、もちろんこのような論理的整合性における弱点は、今後の研究成果の蓄積によって改善されるべきものである。

第二に、本章ではこうした地域主義的国際機構の動態に関する概略的モデルを用い、特にその活動の中で危機管理の段階を重視し、分析対象としてはそれをさらに危機状況に際しての構成諸国の対外共同行動の局面に限定したが、言うまでもなくこれは当該分析対象である国際機構の活動の中のほんの一側面にすぎないものである。したがって、今後はその生成や日常的な運営管理の段階にも分析対象の幅を広げるべきである。

第三に、本章はここでの議論を国際機構論や国際秩序論的な議論の系譜の中に位置づけたが、国際機構の政治的機能と国際秩序との間における論理的繋がりが明確に提示されたわけではない。ここでは、あくまで推量の域を出ない言わば「期待論」的ないし「印象論」的な議論が前提となって論理が展開されたのであり、このような問題領域における議論の充実も大きな課題である。

(2) 課題と展望

さて、以上のような本章の研究における問題点を認識しながら、以下にはこうした研究領域における課題と展望を提示する。総括的に言えば、ここで提示されたモデルは実証分析の枠組みとして非常に稚拙なものである。したがって、ここでの議論を基礎としたより精緻なモデル（記述モデルであれ数理モデルであれ）を展開し、これを用いて実証研究を積み重ねることが必要である。そしてその際には、本章で例示されたような国際政治学における伝統的分析である「体系的歴史分析」や「地域研究」の手法と共に、「数量的分析（数理モデルを用いて計量研究を行う）」が併用して行われることが必要であると考えられる。[28] しかし、このような実証研究を遂行する際には若干の注意すべき事柄がある。

それは、まず第一に研究対象の問題である。ここで取りあげた議論における国際機構とは、あくまで国家間組織を念頭においたものであった。言うまでもなく、この定義を非国家的行為主体をも含めた国際組織一般にまで幅を広げることの重要性もさることながら、ここでは分析対象を空間的に限定された地域主義的なものに絞ったわけである。したがって、例えば国連のような国際システム全体を包含するような機構を分析する場合には、その前提条件やモデルを設定する段階で十分な修正が必要である。なぜなら、前者を対象とする場合には、それがもつ政策的インプリケーションは当然狭義の当該地域における動態ということになり、後者の場合には、より広義の国際システム全体の動態ということになるからである。したがって実証研究を行う場合には、このような研究対象のいずれを選択するかによってその研究の意義が相違してくるわけである。

第二に、前述した研究の分析手法に関する問題である。国際政治学の分野には、伝統的な実証手法として「体系的歴史分析」や「地域研究」のツールが存在する。今もってなおその揺るぎない有効性をもつこの手法は、社会における政治的動物としての人間的要素、国際的なるものや地域的特殊性の考察、文化的要素、現象変化の時系列的意義などをはじめとして、多くの要因の分析において重要な示唆を与えてくれよう。

しかしながら、米国流の行動科学的アプローチの影響を受けた最近の国際政治学の傾向に顕著に見られる数量分析の手法も、指標の開発やデータ収集の是非によって有効な研究成果を与えてくれる。したがってわれわれは、伝統的手法と科学的手法とを併用して実証研究を蓄積していくことが必要であろう(29)。

結局、われわれにとって最も重要と思われることは、米国流の数量分析であれ英国流の歴史分析であれ、要は、そこにある程度の理論的志向性をもつことであろう。そして、このような理論の構築によって、現実事象としての国際政治の現象を説明し得る用具を整備することを通じて、この世界の状況が少なくとも現在以上に悪化することに歯止めをかけるための政策論的議論を充実させることがわれわれの重要な使命の一つである。その意味で、戦前・戦中を通じた経験に由来するわが国の社会科学の実証研究重視のアプローチと共に、このような理論的研究重視のアプローチの存在も指摘されるべきである。

本章は、微力ながらこのような両者の中間的な立場の方法論に基づく研究を遂行する第一段階の試みの一つとして、危機状況に陥った際の各国の対外共同行動の動態を題材として取りあげ、地域主義的国際協力機構の制度的枠組みを維持するという意味での当該機構の政治的機能の分析へアプローチし、理論と実証のフィードバックによる議論の精緻化を試みた。したがって、この種の議論においてわれわれが行う実証研究は、国際機構の存在、すなわち、そこにおける各国の発言行動が当該国際システムにおける構成国間の緊張緩和に役立つことを証明するためのものであり、それによって、例えば構成諸国の摩擦や紛争が減少したり、各種の協力・提携活動が活発化したり、あるいはシステム全体の生産性が向上したということなどを裏づけるものでなくてはならず、言うまでもなくそこに理論的精緻化への貢献が無くてはならない。このような意味から、本章の成果は不十分なものであり、今後に残された課題は多い。

かつて社会契約説の大家であったルソー（Jean-Jacques Rousseau）は、「およそ善であり秩序にかなうものは、事物の性質からそうなのであって、人間の合意などに関係無いのである」[30]と言った。不平等社会の克服を願い、近代民主主義思想の支柱として君臨した彼が想定する理想国家は、優れた法律体系に支えられた直接民主制を基本原則としたものであった。しかしながら、ここで見られるような国家システムのレベルにおける制度的枠組みの機能に対する彼の期待は、現代の国際政治場裡においては妥当し難い。ルソー以後二〇〇年の間、人間社会はさまざまの困難に直面しながらも、国内外における数々の制度的基盤を整備しつつ現実世界の秩序を構築することに努力を続けてきたが、そのような制度の背景としての理論パラダイムの整備が今ほど求められている時は無い。そして、このような意義の中にこそ、国際政治理論の重要な存在理由の一つが見出せるのである[31]。

注

（1）例えば、民族国家の形成や国内法および国際法の整備、各種の国際組織の設立などを通じた「平和」達成への努力である。

（2）いわゆる「国際政治の国内化」や「国内政治の国際化」、あるいは「経済の政治化」や「政治の経済化」などと言われる現象は、最も初期に認識されたものである。例えば、以下の文献を参照。Rosenau. ed.（1969）、Keohane and Nye（1977）。

（3）こうした議論の原典としては、以下の文献を見よ。Allison（1971）、Steinbrunner（1974）。また、わが国におけるこの種の業績としては、佐藤（1989）。

（4）グランド・セオリーの規範意義については、石井（1989①）を参照。また、このような議論の原典としては、以下の文献を見よ。Gilpin（1981）、Keohane（1984）、Wallerstein（1979）。また、わが国におけるこの種の業績としては、山本（1989）、田中（1989）および有賀・他編（1989）などが挙げられる。さらに、近年流行している国際政治現象への経済学的アプローチの業績としては、以下の一連の業績がある。Frey（1984）、Baldwin（1985）、Gilpin（1987）、Spero（1990）、深海（1988）。また、以下の文献には、グランド・セオリー登場の背景としての従来の国際政治理論の動向が記述されていて興味深い。Deutsch（1978）。

（5）紛争発生後の「解決」ではないことに注意せよ。すなわち、国際的相互依存の発生は、国際交流および国際摩擦発生の機会を増大させるが、国際機構の調停機能は、国際摩擦の防止とその処理および国際紛争の防止という局面で有効に発揮されると思われ、あくまでも国際紛争発生後の解決については本章の研究の守備範囲ではない。

（6）古典的理論については、以下の文献を参照。Claude（1964）。また、さらに川田（1958）の第一章、第六章および第七章をも合わせて参照せよ。

（7）例えば、Keohane and Nye（1977）。

（8）以下の議論は、オルソンの業績に即している。オルソン（1981）およびオルソン（1996）。また、後述する「退出＝発言アプローチ」と合わせて、集団や組織の問題に対する政治経済学的な視座をまとめたコンパクトな入門書として、森脇（1981）を参照せよ。さらに、曽根（1984）と、小林（1988）は政治学者の立場からの公共選択論への取り組みが成された優れた先駆的業績として注目に値する。

（9）政治過程論や圧力団体・利益集団に関する議論については、A・ベントレーやD・トルーマンなどの大御所をはじめとして、数多くの重要な業績が蓄積されている。Key（1958）。

（10）経済学における公共財の定義においては、常にこれらの二つの条件が提示されるのが必須である。例えば、灯台の明かりという公共財の恩恵は、近海を航行中の一隻の船がそれを利用したからといって、同じ時に他の船によるその利用を妨げることにはならない。同様にして、灯台の便益を享受する船から、その度ごとに料金を徴収することは非現実的であり、支払を拒否した船を、その便益享受から排除することは不可能である（都留（1981）九一頁）。

（11）政治的企業者の議論については、フローリックとオッペンハイマーの議論を参照。Frohlich and Oppenheimer（1978）。

（12）以下の議論は、ハーシュマンの文献に即している。ハーシュマン（1975）。

（13）以下の議論も、ハーシュマンの文献に即している。Hirschman（1978）。

（14）このような枠組みは、特に労働経済学の領域においてこれを労働組合のモデルとして応用し、組合の経済的機能に対する従来のペシミスティックな見解に重要な示唆を与えることになったのである。こうした業績は、特に七〇～八〇年代において興隆したが、その代表的な研究成果として、以下の文献を参照。Freeman and Medoff（1984）。また、「退出＝発言アプローチ」適用以前の組合に対する経済学的分析については、パースレイに詳しい。Parsley（1980）。

（15）この点についての詳細な検討は、広瀬（1970）一三九～一四三頁を見よ。

(16) このあたりの記述についてのより詳細な理論的検討に関しては、例えば、ボールディングの業績に詳しい。ボールディング（1971）。
(17) さらに言えば、米国の側としては自らが独力でこうした枠組みを維持するというコストを支払っても余り有るほどの便益を、自由主義貿易体制から得ていたと考えられるだろう。また「政策協調」は、ここでは先進国間の協調という側面が強く、いわゆるサミット（先進国首脳会議）のようなものが念頭におかれている。さらに米国の下でそれに対して協調行動を取っていた各国の側としては、米国からの安価な技術提供や援助金の増大などの便益享受が存在したり、また貿易摩擦における対日批判に見られるような、名誉や威信、責任、パートナーシップといった多分に政治的な要素が絡んでいた場合も多いであろう。
(18) このあたりの記述は、言うまでもなく従属論や世界システム論によって取り扱われたものに通ずる議論である。例えば、石井（1989①）、さらに本書の第2章およびウォーラースティンの業績などを見よ。Wallerstein（1974, 1980）。
(19) 山本（1988）八四頁を参照。
(20) この場合は、特に数量的手法による実証研究というように限定しているわけではなく、いわゆる記述的手法による歴史分析などをカテゴリーに入れてもさしつかえない。
(21) 川田（1958）第一章を参照。
(22) こうした国際秩序の認識は政治学的にも一般的であると考えられる。
(23) 敢えて名づけるとすれば「拳骨モデル」となる。平素は別々の指が有事に一つの拳骨として固まって対外的パワーを生み出すという論理だからである。
(24) 国際政治をめぐるこれらの諸理論の発展については、花井（1974）の第二編に詳しい。また、ドイッチュの文献も有用である。Deutsch（1978）。
(25) 国際機構の存在意義が、それが果たす機能ではなく、その存在そのものにあると含意している業績は多い。しかしながら、それを明示的に研究姿勢として認識し、かつ分析的・理論的なアプローチを展開したものは、本章以外には見当たらない。
(26) 以下の議論は、石井（1989①）における議論を要約したものである。
(27) 国際政治の分析手法を整理した業績として、花井（1974）の第三編がある。
(28) この定義は、黒川（1984）一五頁による。

(29)　こうした意義からも、とりわけ経済学的分析の領域で進展している「国際協調」に関する議論は重要であろう。なかでも国際協調の政策手段に関する議論については、本書の第5章などを参照。また、こうした議論の原典としては、大山（1988）を参照。さらに、この種の領域の先駆的業績としては、以下の文献が有名である。Tinbergen（1952）、Tinbergen（1965）。さらに、こうした業績のサーベイについては浜田（1982）が有用であろう。

(30)　ルソーのこうした発言の裏には、言わば「専門家集団」の力を評価する気持ちが含意されていたと言えよう。すなわち、彼の言う直接民主制は、優れた立法家の高度な人為や制度の充実を前提としているのである。ルソー（1974）五〇頁を参照。

(31)　本章を、敢えて国際政治研究の方法論的論文として位置づけるならば、それは以下の書籍から多くの示唆を得ていると思われる。関（1969）、武者小路（1972）、公文（1978）。

第5章　国際協調の理論

1　問題の所在

(1) はじめに

現代の国際社会においては、米国覇権体制の凋落や社会主義陣営の動揺、経済問題と政治問題の連携[1]、国内政治と国際政治の浸透[2]、発展途上地域諸国の政治的発言力と経済的パフォーマンスの高揚、地球的規模に関わる問題領域の発生など[3]、多くの側面で従来の国際政治観を揺るがすような新しい現象が頻発しつつある。こうした現象変化の時代にあって、そのような状況の根底に流れる大きな潮流として、いわゆる「国際的相互依存[4]」というものが明示的に認識されてから久しい。既に六〇年代において、先駆的な感覚をもつ経済学者達によって指摘されていたこうした傾向[5]は、その後の国際化時代の到来によってその傾向に拍車がかかり、七〇年代にはいよいよ国際政治学者によっても明示的に自己の研究対象として取りあげられることになった[6]。このような国際政治学と国際経済学との間における認識ギャップの存在は、言うまでもなくそれぞれの論理の背景にある現実事象の状況に起因していたと言えるであろう。

すなわち、戦後の国際社会においては、第一に米ソ間の核抑止体制の下における自由主義陣営と社会主義陣営の二極分解とその固定化といった図式の中で、政治的には言わば「覇権・帝国システム」の論理が作動していたにもかかわらず、経済的には事実上国際的相互依存関係が浸透していく素地が存在していたのである。さらにこれと関連して第二には、こうした国際社会の構成員である各国が、主権国家の枠組みの中で作動する政治的論理と国境を越えて広がり続ける経済的論理とを微妙に使い分け、対外政策と対内政策の決定に影響を及ぼす環境条件の認知という時点で、「経済的相互依存」の認識と「政治的相互依存」の不認識というものを、好むと好まざるとにかかわらず矛盾した形のままで両立させていたのである。こうした状況をより簡潔に言えば、経済的インターナショナリズムと政治的ナショナリズムの相克の下で、言わば「政経分離主義」[7]が存在したと言うこともできよう。特に戦後の米国において、多くの経済学的領域では国際関係の「協調・協力」的側面における議論が発展したのに対して、[8]国際政治学的領域ではあくまで「対立・紛争」的側面をめぐる議論が横行し続けたのも、[9]このような現実事象の矛盾の中にその原因を求めることができる。こうした中にあって評価されるべきものとして、国際政治の協調・協力的側面を明示的に取りあげた唯一の例外として「国際統合理論」[10]があった。そして、これがEC統合の推進という現実事象の存在と並んで、いわゆる「経済統合理論」[11]という経済学的研究から影響を受けたものであることは注目に値する。しかし残念ながら、こうした理論の研究姿勢を受け継ぐ国際政治学的な成果は、七〇年代中期の「相互依存論」[12]の登場まで待たねばならなかったのである。

ところで、現代の国際政治の状況は、既に「冷戦の終結」が実現し、国際関係の回転軸が「極」中心思考から「地域」中心思考へと移行し、[13]さらに主権国家の対外政策における問題領域の優先順位が「政経分離」から「政経融合」[14]へと変化しつつあり、そこでは従来からの「経済的相互依存」[15]に加えて言わば「政治的相互依存」の状況が噴出しつつあると言える。こうした状況下にあって、現代こそ国際政治学徒の手によるこの種の問題領域へのアプローチが求められていると考えられる。すなわち、現代の国際政治場裡における多くの諸国間のさまざまなレベルにおける相互依存的状況は、そうした国際社会の構成員としての各国の行動選択の過程において、必然的に他国の行動を考慮せずに自国の行動を決定することが不可能な状態を生起せしめたのであり、したがってこうした中から生まれてくる問題意識は、言うまでもなく、それらの国々における自国の国益増大のための他国との「国際協調」をいかに行うかという政策論的意義をもつものである。(16)

本章の作業は、同様の問題意識に基づいて、一般に国際協調と呼ばれる諸国間の行動に関する議論を取りあげ、現実事象としての国際協調を実証分析するための分析枠組みの整備を行い、その政治学的な理論的定式化の第一段階を試みるものである。その際に、こうした問題意識に基づく国際協調の理論に関する先行理論として、特に国際経済学の論者達によって蓄積された諸研究を検討する。(17)まず第一に、こうした先行理論の研究成果に依拠しつつ、次節では国際協調の理論的枠組みの整備と仮説の提示が行われる。そして第二に、ここで展開された議論を、従来の国際政治をめぐる理論的研究の潮流の中で位置づける。本章の試みが、従来の「経済的相互依存」の認識に基づく国際協調の議論に対して、言わば「政治的相互依存」の認識に基づく国際協調の議論の必要性という形で、国際政治研究の課題としてその問題提起となれば幸いである。「経済的相互依存」も「政治的相互依存」も、結局は国際交流の増大と深化に基づくものであり、そこでは統一的なパースペクティブが必要とされているのである。ただし、ここでは国際政治をいわゆる「国家間政治」として定義し、国際政治の主体として近年注目を集めつつある非国家的行為主体の活動に関しては研究の守備範囲としないことを明記しておく。(18)

（2）国際協調の必要性

ところで、本格的な議論を展開する前に、ここで国際協調的な行動を必要たらしめる要因を整理しておくことは、以下の議論の展開にとって重要である。そこでは、まず第一に消極的要因と言うべきものがあり、これは現代の深化した相互依存的環境の中では、各国が対外政策の決定作成に当たって他国の事情を考慮せずに自国の行動選択をし得ないような状況下にあり、さらには内政と外交、および政治と経済の連動的影響などに関わる諸問題に対処するために自己の好むと好まざるとにかかわらず、否応無しに国際協調的な行動を取らざるを得ないというものである。第二により積極的な要因として、各国の国際協調的な行動による米ソ両覇権体制衰退以後の国際システムの安定性の維持や、いわゆる全地球的規模に関わる問題への取り組みなど、一国レベルでは解決が困難な国際社会の諸問題への対処を可能にするためにこれを選択するというものである。そして、このような消極的および積極的いずれの要因にしても、先述した現実の国際政治場裡における現象変化という点に起因するものであることは言うまでもない。

しかしながら、国際的相互依存関係がかなり明確に存在し、なおかつ各国が国際協調の必要性を明白に認識していたとしても、実際にそれが実現されるのは誠に難しいと言える。一般に経済学的な見解によれば、マクロ経済政策手段の協調という意味での国際協調は不可能でありかつ不必要であるとされている。[19] そこでは、民主主義体制下のコンセンサス作りにともなう「政治的コスト」の存在が強調され、さらに「国際的政策割当論」が展開されている。[20] すなわち、国際経済場裡における各国のマクロ経済的政策目標（雇用、物価等）は、それに対処するためのマクロ経済的な政策手段（金融政策、財政政策等）が当該目標の数以上存在していれば実現可能であり、さらに各目標に対する各手段の相対的有効性を考慮した比較優位原則による手段の割当によって効率的な目標の実現が達成できるのである。また、各国の政策手段は自国の政策目標に比較優位をもっているため（交叉効果に対する自己効果の優位性）、非国際協調的な政策運用に合理的根拠を見出せるのである。

しかしながら、このような見解はあくまでも経済学的枠組みによる考察の結果であることに注意せねばならない。ここで政治学的な解釈として着目すべきは、果たしてこうした合理的な政策手段の割当が可能かどうか、またはその際の政治的コンセンサス作りの費用はどうかなどの諸点であろう。ケインズ流のマクロ経済学における「ハーベイ・ロードの前提」(21)を引き合いに出すまでもなく、現代の国家システムそれぞれの単位における決定が常にその状況下で合理的な選択をし得る能力をもっているかは疑問であり、またたとえそうした選択が可能であったとしても、時間の経過と共に状況が変化してしまう場合もある。(22)周知のように、各国家システムの内部にはさまざまの利害関係をもつ複数の主体が存在しており、そこで行われる政治的決定の作成は、取り扱う問題領域の種類によっては尋常の努力では達成できない場合も多い。(23)国際協調の合意形成がその政治的コストの存在によって困難であるとされるならば、同様にして合理的な政策手段の割合についても同種のコストの存在が考慮されるべきである。さらに、この議論では国際協調の基盤となる相互依存関係の種類として、特にその政策手段のレベルにおける相互依存が念頭におかれており、(24)後に見るように、政策目標や国際体系の構造的な事象に関わる他の相互依存のレベルも視野に入れる必要が出てくる場合もある。これも後に見るように、経済的相互依存が政策手段の相互依存に深く関わっているのに対して、政治的相互依存はむしろ政策目標の相互依存にも大きな関わりをもっているからである。そしてこの点に関しては経済学的にも、固定目標政策の前提に対する伸縮目標政策を前提とした定式化の試みが成されているのである。(25)

また、言わば国際政治学的な解釈として重要と思われるのは、国際的相互依存関係が深化・増大している中にあって、こうした見解が各国の政策の他国に与える影響（交叉効果）を相対的に軽視している点も問題とすべきである。現代の国家は、安全保障や経済援助など、さまざまな形態の対内的政策とは性質の異なる対外政策の手段を有しており、これらの諸策があくまでも自己効果の優位性をもっていると考えるのは疑問である。同時に、国際政治場裡における主体としての諸国家間には、経済のみならず、軍事、政治、社会、文化などの諸側面で多くの格差が存在している。こうした国際関係における非対称性の認識も、今後の論理展開にとって重要な要素である。[26]加えて、各国家の対外政策の推進においては、もとより経済的ないし数量的には不利益であっても、国際的威信、パートナーシップ、発言力、信頼性などの言わば政治的利益の優先が成される場合も考えられ、こうした観点からの視座の重要性も指摘されるべきである。そしてさらに重要な問題点は、国際協調の経済理論が、その分析対象として基本的に二国間関係という問題領域を念頭においている部分にある。国際政治学的分析の一領域としてこれを考えた場合、このような狭義の国際関係における政策効果の調和がより一般的かつ広い意味でのそれに該当するかは疑問視されるのである。[27]以上のような考察を踏まえたならば、国際政治学的観点から見た場合の現代国際政治場裡における国際協調の必要性とその研究の意義が理解され得よう。次節では、こうした国際協調に関する概念と理論的枠組みの整備を行い、第三節における国際政治理論的意義づけへの布石とする。

2　国際協調をめぐるモデルの展開

(1)　国際協調の概念定義

さて、国際協調をめぐる議論を精緻化するためには、言うまでもなく、まずそこで取り扱われる諸概念を明確に定義しておかねばならない。ここで注意すべきことは、国際協調という事象が、あくまでも諸国間における国際的相互依存状況の存在を前提としたものであるということにほかならない。もし各国間に相互依存的状況が存在せず、相互に自律的なシステムが併存しているだけであれば、そこでは国際協調が無用であるのみならず、同時にいわゆる国際摩擦や国際紛争というものも存在しないはずである。各国はそれぞれ真の意味で独立した状況にあり、そのような状況下では費用と便益のフィードバック・ループが一国内で全て完結しているからである[28]。しかしながら現実の国際社会においては、こうした「調和[29]」的な事例はほとんど見当たらない。諸国家が、各々のより一層の政治的経済的発展を目指す以上は、そこに利害対立による稀少資源の奪い合いと共に、国際協調による利益の拡大をはかる可能性が噴出するのである。したがって、われわれにとってまず第一の課題は、国際的相互依存という概念の定義を明確化することにある。しかしながら一口に相互依存と言っても、この概念は極めて広範なレベルにおいて議論されているため、ここではさしあたり国際協調という国家の行動に関して重要と思われるいくつかのカテゴリーについて言及する[30]。

第一に、国際政治場裡における「構造的相互依存」というものであり、これは国際関係を営む複数の国家が相互に開放的な状態にあり、各地で発生した事象が他国に影響を及ぼす事態を指している。こうした状況下では、各国は自己の利害に興味をもつがゆえに、他国の動向に関して強い関心をもっていると言える。換言すれば、自国以外の国に関する情報というものが、対内的および対外的な政策を遂行する際の重要な要素となっている状態のことである。第二には政策目標の相互依存というものであり、これは各国が他国の政策の目標及びその達成状況に大きな利害関係をもつというものである。さらに第三に、政策手段の相互依存というものであり、これは各国の政策の遂行過程や遂行程度、あるいは経済的厚生や国益というものが他国の政策によって左右される状況であり、こうした事態の下では、各国は他国がいかなる政策手段を選択するかを考慮しながら自国の政策手段を選択するわけであり、言わば「ゲーム理論[31]」が想定するような状態が生まれると考えられるのである。

一般に経済学における国際協調に関する研究成果を見ると、そこでは国際協調が「複数諸国の政策当局相互間の行動の調整[32]」と定義されており、したがって、上記三つの相互依存概念の中で特に政策手段の相互依存を考察の対象として取りあげる場合が多い。「政策当局の行動」とはすなわちその国の政策手段の行使にほかならないし、またいわゆる構造的与件を各国の政策当局が制御することは不可能であるし、政策目標間の調整も非常に困難だからである。同時に、ここでは国際協調の理論的前提として、国際経済関係における諸国家間の協調行動を当該諸国の政策間の協調と仮定して議論を展開しており、その意味では国際政治現象を諸国家の政策間の衝突たる「権力現象」[33]としてとらえれば、そこでの議論の隔絶もそれほど大きなものとは言えないのである。

しかしながら、ここで国際政治学的解釈として重要なのは、国際政治現象の分析においては、政策手段の相互依存と並んで政策目標の相互依存という概念が重要な意義をもっているという点である。そこでは、特に軍事的ないしは安全保障的な問題領域において顕著な特徴として見られるように、いわゆる国家の政策目標と政策手段の整合性という問題が関連してくるからにほかならない。したがって、国際協調という対象に政治学的な分析を施す場合には、政策の手段と目標の双方に着目する必要がある。現実の相互依存的な状況下にある国際政治場裡においては、ゲーム論で言う「ナッシュ解」[34]的な状態、すなわち、各国がそれぞれ他国の行動を与件として、自国の行動に関する合理的な選択をした場合に双方の最適状況を実現することなどはおよそ考えられない。そこでは、当該諸国の政策変数の変化は他国の目標変数に影響を及ぼし、こうした国際的に非中立的な政策手段が存在する場合には、各国の目標変数は内外の手段変数に依存しており、したがってその政策遂行上の摩擦や緩和を目指す国際協調的行動が求められるのである[35]。さて、以上のような国際的相互依存という概念に関する検討に基づいて、国際政治現象という意義をもった国際協調の概念規定をすれば以下のようになろう。すなわち、国際協調とは、「構造的相互依存の状況下にある国際政治場裡において国際システムを構成する各国が、自国の利益を擁護したり拡大したりすることを目的として、交渉などをともなって他国の行動や思惑を考慮しつつ、対内的および対外的な政策の目標や手段を選択・調整し、他国との共通利益を認識・探索・創造する活動の総称」である。

ただし、いくつかの問題点がある。第一に、国際協調とはあくまでも当事国の意思によって実現される能動的行動であり、単に「共通利益」[36]が存在したならば常にそれが実現されるとは限らないものである。言わば、共通利益の存在は国際協調実現の必要条件ではあるが十分条件ではない。例えば二国間の協定などにおいて、そこから得る実利よりもむしろ協定の存在そのものに意味を見出すような事例も多く見受けられる。第二に、言うまでもなくここでいう「自国の利益」は必ずしも国際社会全体の利益を意味しない。国際協調的行動を実現した当事国の利益と、他の国際システム構成国との利害対立も十分有り得るわけである。第三に、他国の行動や思惑の考慮は「交渉」をともなわずに行われる場合も多い。交渉実現のコストを考えれば、そこでは他国の実際の活動に対する観測や推測によってそれを済まそうとする努力も行われるはずである。第四に、「対内」政策の波及効果が純粋に当該国内にとどまるならば、それは国際協調の範囲から逸脱する行動である。同様にして、「対外」政策手段の中でもそれが他国に何ら影響を与えないものも国際協調という分析対象のカテゴリーには含まれない。第五に、ここでいう政策間の調整はその目的・手段共に同じ種類のものである必要はない[37]。ある国の安全保障的な政策の譲歩に対して、それと引き換えに経済的援助の遂行によって応ずる場合や、または政治的利益の追求という目的のために経済的利益に関して妥協する場合でも、それはあくまでも国際協調の事例として位置づけられるのである。最後に、国際協調的な政策が実施される場合には、そこから得られるであろう期待収益の大きさよりも、むしろ協調行動自体の成功率の拡大が重要視されることも多い。したがってそうした成功可能性の拡大のためには、手段の選択と並んで目標のレベル自体を操作する必要性が出てくるのであり、より達成可能性の高いレベルに目標を下げることなどはごく日常的な活動の範囲内の行動と考えられる。

さて、こうした国際協調の概念規定に基づいて、次に、その理論的枠組みを整理してみよう。

(2) 分類基準の考察と理論的枠組みの整備

これまでの検討によって、国際協調という諸国家の行動が、当該諸国間における政策目標および政策手段の相互依存という概念によって支えられていることが判明した。換言すれば、国際協調とは関係諸国間の非中立的な政策目標および政策手段の調整という行動にほかならないのである。

ところで一般的に言えば、ある国家が何らかの対内的ないし対外的な政策を行使するのは、政策決定者たる上からの必要性の認識であれ、又は国民たる下からの要請であれ、そこに何らかの政策に対する需要が存在するからにほかならない。そして、そうした需要に対応する形で政策が行われる場合に、①直面する問題や周囲の環境に関する情報を収集し、特にその達成可能性という観点から当該政策の目標の設定と手段の選択を行い、関係者間の政策遂行に関する合意の形成を行う（政策立案ないし政策決定）段階、②その政策を実際に行使する（政策遂行）段階、③取り行われた政策効果の測定と意義を考察する（政策評価）段階、④そのような評価に基づいて当該政策に関する反省と修正を行う（政策修正又はフィードバック）段階、という四段階の動態が考えられる。[38] 既に指摘したように、国際協調も言わば「政策」行使の一類型として規定することができるのであるから、こうした政策に関する一般的な動態の段階は、言うまでもなく国際協調という現象にも適用することが許されよう。したがってこれを出発点とすれば、国際協調を政治学的に分析する際のいくつかの視点が提示できるのである。ただし、ここで使用した政治学的分析という概念の意味は以下の通りである。すなわち政治学的分析においては、ある政策が行使される場合に、それに関する国内的合意の形成などの「政治的コスト」や政策終了後に得られると期待される国際的信頼などの「政治的利益」を重要視し、それは経済学的な考察で使用される「費用」や「便益」という実利的な概念よりも広義の意味を含んでいるのである。このような規定を受けて、次に国際協調の分析的枠組みを整備してみよう。[39]

まず第一に、当該政策の行使において期待される目的の相違に着目してみよう。[40] ここで、国際協調が当該関係諸国間の政策の調整であるとされるならば、そうした調整の対象となる政策の波及効果の正負によっていくつかの類型化が可能となる。ただしここで言う波及効果とは、当該諸国の厚生関数や国益の増減を意味するものではないことに注意すべきである。先の定義にもあるように、国際協調とは、当該諸国の利益の確保や増大を目指して実現される行動であり、そこでは当事国の厚生関数はあくまでも増加させることが目指されるのである。したがってここで言う波及効果の正負とは、当該政策を行使することによってその政策が対象とする当該問題領域における影響度が正なのか負なのかを問うものであり、それによって当事国の利益が増大するか否かを問うものではない。

そこで最初に、①相互政策抑制型と呼ぶべき類型が提示できる。これは、当事国の国際協調的な政策の遂行がいずれも負の波及効果を発揮するものであり、関税障壁の設置や輸入割当ての増進、または軍縮政策などがこのカテゴリーに含まれる。前者は、輸入の制限によって自国の産業を保護しようとする貿易政策であり、後者は、国際協調による各国の国防政策の抑制を目的とするものだからである。特に国際政治場裡においては、多国間軍事協定によって加盟国の個別的な軍事費負担の軽減をはかるような事例も多く、いわゆる「集団安全保障」もこれに相当すると思われる。

また次に、②相互政策促進型と呼ぶべき類型が考えられる。これは、当事国の政策遂行が共に正の波及効果を発揮するものであり、基礎科学的な研究や環境保護政策の遂行、または文化交流の増大による相互理解の深化などがこのカテゴリーに含まれる。いわゆる「国際公共財」の供給はこれに該当するものであろう。しかし一国の国際公共財供給の増加は、国内とともに他国への便益増大をもたらすがゆえに、こうしたタイプの国際協調はフリー・ライダー問題を併発する。各国ができるだけ他国に供給コストを負担させようとする中で、その国際的分担の取り決めに関する合意の作成に関わる交渉過程を分析することは、「国際摩擦」という問題領域をめぐるミクロ国際政治学の重要な課題であろう。

第三に、③非対称型と呼ぶべき類型が提示できる。これは、一方の当事国の政策遂行が正の波及効果をもち、他方の当事国のそれが負の波及効果を発揮する場合である。すなわちこの種の国際協調とは、経済・軍事・政治などの何らかの側面において、非対称的な状況下にある諸国間の政策調整による協調的行動を意味している。南北間における先進国から発展途上国に対する経済協力や援助政策の実施や先進国における国際収支や国際金融などの諸問題における政策協調などがこのカテゴリーに含まれる。特に最近の国際政治場裡における一般的な印象として、非対称的な国際関係は代替関係というよりもむしろ「補完的関係」という側面を強くもっており、そうした観点からの研究が重要となりつつあると思われる。

そこで次の課題は、国際協調の必要性が認識された場合に、いかなる方法によってそれを実現するかという問題の考察である[41]。こうした国際協調の具体的な達成方法についてはさまざまなものが考えられるが、まずはじめに、①普遍型ないし制度型と呼ぶべき類型が設定できる。これは、国際機構を設置して加盟国の政策の行使を委任したり、国際条約の締結によって各国の政策遂行の仕方を協調的に運用するという、いわば「ルール」または「疑似秩序」による国際協調である。この場合、関係諸国がこのルールを遵守することによって自国利益を高められる範囲内において協調が実現することになる。もちろんこうした取り決めの中には、各国が当該政策を「遂行しない」という内容が含まれる可能性もあることは重要である。ここでは加盟諸国の行動準拠があらかじめ明確化されているがゆえに、その継続的実行も比較的容易であろう。例えば国際通貨基金（IMF）や関税・貿易に関する一般協定（GATT）などのグローバルな規模における国際機構や国際協定、ヨーロッパ共同体（EC）や東南アジア諸国連合（ASEAN）などの地域主義的な国際協調、また日米安全保障条約、北大西洋条約機構（NATO）などの軍事協定は、このカテゴリーに分類できる。いわゆる核不拡散条約なども、核兵器の維持費に関わるコストの軽減という観点から、ここでの分析対象としての意義をもっている。

しかしながら、この類型をいわゆる国際政治場裡における「予測可能性」と「政治的コスト」という政治学的解釈の側面から検討すれば、以下のような問題点が指摘できる。(42)まず、制度型の国際協調が実現されるためには、協調の要件に関する明確性が必要である。すなわち、起こり得る全ての事態に関する協調の方策が明確でない限りは、そのルールを制度化することは困難だからである。したがってその意味で、「いかなる事態に陥っても戦争行為には訴えない」といった類の協調は制度型によって実現可能であろう。しかし、一般に国際政治における事態の予測には多くの錯乱要因がともない、その完全な予測は不可能である。また、協調行動の反復可能性や期待収益増大の見込みも重要な要因である。一回限りの協調の制度化は無意味であるし、協調の利益が極度に非対称的であれば、各国の制度自体に対する信頼が揺らいでその持続が困難になるからである。その場合には、制度の存立基盤としての国際状況が変化する度ごとに修正や改定をしなければならず、その合意の作成に関わる政治的コストは多分に非合理的なものになると思われる。したがって、そこではかなり融通の効く形での概略的な規定が設けられ、その枠内での具体的な政策の検討は、それぞれの状況に応じた各国間の調整に委ねられるべきである。

そこで次に提示されるものは、②自由裁量型と呼ぶべき類型である。これは、国際協調の必要性に応じて当事国が当該政策を協調的に運用するものであり、制度型では充分に明確な把握をできない詳細事項に関して適用されるものである。言うまでもなく制度型と自由裁量型の両者は併用して行われるべきものであり、実際にも、先進国首脳会議（サミット）をはじめとして先進五ヶ国蔵相会議（G5）や先進七ヶ国蔵相・中央銀行総裁会議（G7）、または国際連合（UN）などの諸事例も多く見受けられる。このような自由裁量型の国際協調の実現にとって重要な要件は、まず各国における国際政治情勢の現在および将来動向に対する共通認識の存在・醸成である。各国が異なる角度から相互に矛盾する協調政策を遂行することがあれば、その効果は相殺されてしまうからである。特に、各国の政策遂行のタイミングや政策行使の程度に関する合意の作成は非常に困難であり、これらの多くは自主的な決定に委ねられる傾向にある。また関係諸国の状況認識の誤りや政策遂行過程における失策、足並みの乱れなどの錯乱要因が絶えず存在する以上、国際協調の実現がその当事国の期待通りの成果を保証することは確実ではない。したがって、協調の成果が各国の期待を裏切ることが度重なれば当事国間の相互不信が増大し、政策の遂行は、その実施細目はもとより上位レベルの方針をも各国の自主的裁量に依存するようになってしまうであろう[43]。これに加えて、いわゆる伝統的に各国の内政事項と考えられてきた政策分野における諸問題、すなわち、領土や少数民族、宗教、国防・軍事、さらには一部の経済政策などに抵触する国際協調的政策の運用においては、当然国内の諸集団からの反発や干渉が予想される。こうした国家主権と国家の自律性の相克をめぐる問題の考察も重要である。特に自由裁量型の国際協調においては、いわゆる国家間の力の格差という要素が関わってくるため、その分析は容易ではない。

ところで、言うまでもなくこのように国際協調の実現方法を単純に二分してしまうことにはいくつかの問題がある。例えば、ここでは国家間のインフォーマルな交流の側面、すなわち事務レベルでの協議による協調や暗黙のルールの存在などは分析対象として取りあげることはできない。しかしながら、便宜上こうした分類基準を設定することによって、後の機会における実証研究の遂行に貢献することが期待できる。ごく一般的な観点から論じれば、制度による国際協調は当事国の政策「目標」の設置とその調整という行動に密接な関連をもっており、これに対して、自由裁量による国際協調は当事国の政策「手段」の選択とその調整という行動とより深く関連していると考えられる。したがって、こうした類型化によってその分析の発展が望めると思われる。

さて、これまで国際協調の波及効果や実現方法の諸類型を検討してきたが、最後に当該政策の遂行における適用対象について考察しなければならない[44]。ここでは、まず当該政策の遂行によって影響を及ぼすことが期待される①問題領域の相違が検討される必要がある。当事国にとって死活的利害に関わる問題領域について、例えば軍事的・安全保障的な問題や国際経済関係をめぐる政治過程などにおいては、言うまでもなく国内の世論や利害集団の動向が政治学的分析の重要な要素となるであろう。特に最近では、先進国間における貿易や金融などをめぐる経済活動に関わる政策調整が、南北間における経済協力の推進と並んで、国際政治動向の重要な回転軸として従来にも増して浮上しつつある。また後に見るように、近年の国際交渉における政策手段運用の手法として、政治的軍事的問題の調整に経済的な政策手段を転用したり、あるいは経済的争点をめぐる調整を政治的争点として転換したり、言わば政策分離ならぬ政策融合的な対外政策遂行の傾向が見られる場合も多い。こうした傾向は各当事国の「コスト節減努力」というものと密接な関連をもっていると考えられる。

また次には、当該政策の行使によって影響を受ける②物理的範囲の相違も検討される必要がある。既にいくつか見てきたように、国際協調には二国間のバイラテラルなものから国際社会全体にまでその規模が及ぶユニバーサルなもの、また両者の中間形態としての地域主義的なリージョナルなものまで、その波及効果の地理的範囲においてさまざまな種類が存在している。こうした適用対象の物理的範囲の相違というものは、協調行動の合意作成にともなう政治的なコストや協調の実現によって得られる利益の大小に影響を与える重要な要素と考えられる。したがって、このような視野を含めた分析枠組みの整備も必要である。

さて、以上のような分類基準の考察と理論的枠組みの整備に基づいて、次にこうした用具を用いて事例研究をする際の仮説の導出を試みよう。

(3) 仮説の提示

これまで検討してきた国際協調の理論的枠組みの整理は、言うまでもなく現実の国際政治場裡における事例研究をする際に、当該研究対象に対するより整合的な理解および説明を実現することを目的として行われたものであった。そこでは、各状況に応じて適用される国際協調的な政策目標の設定とそれに見合う政策手段の選択、そうした政策をめぐる各国間の調整、その遂行における問題や遂行後の成果の予測という問題に対する総括的な分析枠組みの設定という意識が含意されていたのである。換言すれば、従来、いわゆるレジーム論[45]や政策協調をめぐる論議[46]、またはこれに加えて一部の国際機構論[47]や国際法などの議論[48]において取りあげられてきた諸問題に関して、それらを同一の理論的パースペクティブによって把握する作業に貢献することを目指していたと言えよう。政策の調整という意味での国際協調は、これらの事象の根底に存在する重要な共通項だからである。ここではそうしたこれまでの検討に基づいて、国際協調をめぐる諸概念の規定と分析枠組みから導き出される仮説の提示を試みてみよう。ただし、ここでは以下の各々の場合において、国際協調という政策の選択や遂行に関わる諸概念を前節で提示したごとき内容のものと定義している。

まず第一に、各国がもし自国利益の最大化を目指すことをその行動原理として行動する主体であるならば、国際協調が実現されるためには、当事国間にいわゆる「共通利益」が存在しなければならない。そして国際協調が当該諸国の政策相互間の調整である以上は、そこにその行動を選択させる「意思」が無くてはならない。したがって、協調の実現によって期待される共通利益の存在可能性とそこから生まれる政策当局の協調行動選択の意思の存在は、国際協調実現の最も重要な要因である。逆に言えば、そうした要因が欠如している状態、例えば個別的な国益と他の諸国との利益がトレード・オフ状態にあるような場合においては、国際協調は実現しない（仮説①）。

しかしながら第二に、もし各国が国益損失の最小化を自国利益の増大として認識し得るならば、前記のような明確な共通利益の存在が認識されていない状態においても、協調的な行動を選択しない場合に大きな「損失」が見込まれる場合には、個別的な自国の利益をある程度犠牲にしてまでも国際協調への参画を政策的に選択する（仮説②）。

第三に、各国が自国利益増大のための包括的な活動を柔軟に選択する主体であるとすれば、そうした政策を遂行する場合に、そこでは懸案中の問題領域に限定された政策手段が取られるとは限らず、例えば軍事的問題に対処するために経済的手段を講じたり、逆に軍事的な威力によって政治的連携のために貢献したり、言わば「政策間のリンケージ」現象を噴出させる（仮説③）。

第四に、同様にして、こうした「政策間のリンケージ」は必然的に「期待収益のリンケージ」をも引き起こす。経済的な国際協調活動への参加による国際社会における発言力の増大や、政治的協議を通じた経済的利益の獲得なども、現代の国際関係では日常的な事例である（仮説④）。

第五に、国際協調が、他国との協調行動によって自国利益の確保や増大をはかることを目的として選択される政策であるとすれば、その達成手段は「対外政策」に限定されるものではない。現代のような国際的相互依存の状況下にある国際政治場裡においては、ある国の軍事費の増大やマクロ経済政策の遂行が他国に深刻な影響を及ぼす場合も多い。したがって、当事国におけるある種の「対内政策」の遂行が、国際協調活動としての意義をもつ場合もある（仮説⑤）。

第六に、国際協調が当事国の政策間調整によって実現されるとすれば、その調整には必ずしも「交渉過程」をともなう必要はない。既に指摘したように、各国は現状の国際的な相互依存関係の中にあっていずれも他国の情報を収集することに少なからず努力しており、そこでは他国の行動に関する「観測」や「推測」作業が行われているのである。そうした作業によって、必ずしも交渉過程を必要としない国際協調も実現される。ここでは、いわゆる交渉の場における「合意作成のための政治的コスト」の軽減を目指す努力が成されており、それが情報収集活動のコストを上回る限りにおいて交渉過程は省略される（仮説⑥）。

第七に、制度による協調と自由裁量による協調とが相互補完的に併用されるものであるとするならば、その場合は前者による概略的な枠組みの設定と、その範囲内における後者による個別的詳細事項に関する対処が成されることになる。前者は各国の合意形成コストが安く、後者はそれが高くつくからである（仮説⑦）。

同様にして第八に、国際協調的な政策が遂行される際には、その内容が国際社会の「一般通念」的なものまたは概略的なものである場合には、当該政策が適用される物理的または地理的範囲は包括的ないしはユニバーサルに近いものになる。同時に、それがより個別的詳細事項へと限定されるに従って、その範囲もリージョナルないしバイラテラルな規模に縮小されてくる。この場合にも当事国の合意作成にともなう政治的コストの問題が存在し、かつ当該政策の効果が及ぶ範囲の限定性が存在するからである（仮説⑧）。

第九に、やはり同様にして、国際協調的政策遂行の波及効果の類型の中では、特に相互政策促進型において最も当事国の合意作成に関わる政治的コストが大きくなる。そこでは、国際公共財の供給コストの国際的分担をめぐる調整過程の混乱が予想されるゆえである。また逆に非対称型の国際協調は、相互抑制および相互促進といった他者に比べて比較的当該政策の遂行が容易であり、その政治的コストは比較的安く事足りる。そこでは、およそ一方的な形での政策が遂行されるからである（仮説⑨）。

最後に、国際協調が当事国の実利的な利害の産物であるのみならず、そこに各国の国際協調という行動の存在自体に対するインセンティブも働くとすれば、国際協調を行う当事国は、実現から得られるであろう期待収益よりも、むしろその行動自体の「成功率」を重要視することになる。そして、そのように成功率を重視する際には、協調行動の「実行可能性」や「継続性」を保持するということが、当該政策の目標設定や手段選択をする際の最も重要な判断基準となる。換言すれば、協調行動の実現可能性を高めるために、特に当該政策の目標を期待よりも低く設定したり、より実行可能性の高い手段に切り替えたりするのである[49]。またこの他にも、危機状況において協調を維持するために、争点の転換をしたりメンバーを変更したり、さまざまな形で努力をするのである（仮説⑩）。

以上、国家の対外政策としての国際協調活動に関して、その動態の各段階ごとに基本的な行動選択の仮説を設置した。ただし、これに加えて、例えば政策目標の設定や政策手段の選択に関わる事項、あるいはその政策遂行時における他国の政策との調整過程の問題などに関するものも設定できよう。しかし、ここでは特に国際協調という政策が各国家によって選択される要因と、その概略的な遂行形態に関わる基本的な事項を中心に仮説を設定するにとどめておく。

3　国際政治理論的意義

さて、以上のような議論を、最近の国際政治学における理論的研究動向の中で位置づけてみよう。現代の国際政治理論、例えば七〇年代から八〇年代を通じて興隆した新現実主義[50]や新構造主義[51]、または新制度主義[52]などの諸説は、それ以前に行われた理論的研究の成果と比較すると、より巨視的または動態論的な視角から新しい現象の把握を目指す方向へその努力が展開されたと考えられる。覇権論、長波理論、世界システム論、相互依存論、レジーム論などの一連のグランド・セオリーは、いずれも空間的および時間的に大きなパースペクティブの中で、国際社会全体または国際システムといったものがいかなる推移を展開したかを記述、説明、さらには予測しようと試みていたのである。こうした諸説に示されていた含意の中で重要な部分は、第一に、いわゆる国際秩序という概念が重視されていたという点と、第二に、そうした秩序の維持や構築の手段として国際協調という概念が重視されていたという二点である。

すなわち、例えば相互依存やレジームをめぐる議論においては、先述した構造的相互依存や、彼等の言葉で言うところの複合的相互依存といった現状認識の上に立ち、問題領域別レジームの構築や国家間交流の制御ないし管理という論理展開の中で、国際システムの秩序づけがいかなる方法で成されるかという問題意識が念頭におかれていた。また、覇権論や長波理論、さらに世界システム論などにおいても、国際システムが長期のタイム・スパンにおいてどのような変動をするか、そしてその変動過程においていかなる形態による秩序付けがなされるのかという論理が含意されていたように思われる。特にレジーム論においては、そうした国際秩序の構築や維持という問題に関して、国際関係における国家間の国際協調という視点がおよそ明示的に提示されていたと言えよう[53]。また覇権論においても、前の覇権と次の覇権の体制移行にともなう「中継ぎ政策」としての先進諸国による国際協調という文脈の中で、こうした視角が設置されていたと言える。

(1)政治的相互依存と経済的相互依存

このような特徴に鑑みれば、現代の国際政治理論は、現実事象の認識と説明に加えて、従来の議論にはあまり見られなかったようなより規範的ないし政策論的な目的への取り組み姿勢をもっていると考えられる[54]。したがって本章における議論は、このような国際政治学的な先行理論の姿勢を受け継ぐものである。なぜなら、従来、これらのマクロ的視座をもった国際理論の政策論的姿勢を明示的に認識し、国際秩序の動態論的課題に対する考察を理論的側面から展開する試みは非常に少なかったのであり、その意味で、国際協調が何らかの文脈において国際秩序の形成に寄与しているという想定を設ければ、そこでは国際秩序に関する理論的枠組みの整備という目的を遥か頭上に仰ぎ、その手段の一形態となる可能性をもつものとしての国際協調に期待をかけることができるからである[55]。特に国際協調は、本章においても再三指摘されるように、諸国が何らかの意味で国際的相互依存の状態にあることを前提とした議論であるため、したがって本章の議論をいわゆる相互依存論の延長線上に位置づけることも可能であろう。こうした位置づけを行えば、本章の試みが、言わば国際協調に関する経済学的な枠組みを国際政治現象の分析に適用する際の問題点を指摘するという消極的な作業の意味を超えて、より積極的に国際政治理論的な研究の意義をもっていることを見出せるのである。換言すれば、それは「政治的相互依存」の理論構築という可能性である[56]。

すなわち、ここで特に本章で行った議論を題材として「政治的相互依存」の論理を展開すると，まず重要なことは、それは経済的相互依存が無くとも国際協調的な行動を成立させる基盤となるものということである。また、当該諸国が遂行する対外政策の手段と目標の選択に関して、問題領域別の限定が無いような状態のことである。さらに、同様にして当該諸国が獲得することを期待する収益の中に、非経済的利益という要素が含まれているような状態のことである。したがって多くの場合、その発現形態は、当該国家に関わる「諸」利益の獲得を目指す国際協調活動という形をとるものである。そして、現代ではそうした諸利益の中で「経済的利益」の獲得が目的とされる事例が多いのである。経済的相互依存が、モノ・カネ・ヒトという生産要素の国際交流が存在し、当該国家間において相互に経済的利益の共有性が存在する場合に成立するのに対して、政治的相互依存は、当事国間に経済交流や経済的利益の共有性が無くとも成立する。そこではそうした経済的要素も含めて、広く軍事戦略的利益、外交的威信、国際的信頼、政治的リーダーシップなどをはじめとする非経済的要素、換言すれば「政治的利益」の共有性が存在するだけで成立する。ただし、現代の国家間政治活動においては、かつての軍事的関係、そして現在の経済的関係の調停という色彩が強く前面に出ており、そうした「政治的」要素を抽出することが非常に困難であり、経済的相互依存の陰に隠れてしまっているのである。したがって、政治的相互依存はまた、経済的相互依存状況の維持や機能回復を助長するものでもある。同時に、経済的相互依存が一旦成立するとその後ある程度の継続的傾向をもつのに対して、政治的相互依存はその成立基盤である利益のバランスが崩れると早急に崩壊するものである。

周知のように、現代の国際政治現象の中には、既に紹介した大山モデルをはじめとする経済的相互依存の認識に基づく議論では説明できない現象も存在する。例えば、わが国をはじめとする先進諸国によって行われている多額の経済協力活動は、純粋経済的な観点から見れば非合理的な政策である。また、域内諸国間において経済的相互依存関係がほとんど皆無であるにもかかわらず、ＡＳＥＡＮ諸国はＥＣ諸国と共にその地域協力機構としての最も永い結束を保ち続けている。特に、ＡＳＥＡＮ諸国が行う域外大国との交渉過程における共同行動は、当該地域協力機構の枠組みの維持という「政治的」な利益の獲得を目指す数少ない純粋な政治的相互依存の事例としての意義をもっている。さらに、同じように国際法のカテゴリーに分類されるものでも、各国が個別に締結する限定的範囲における諸条約は、国連などの非限定的な一般条約よりも履行性が高い。これらの諸現象は、前記のモデルにおいてその政策手段形態の概略的な分類は可能であるが、その論理の説明には、前節に提示した「政策間リンケージ」や「期待収益リンケージ」、または「政策遂行範囲」などに関する分析的枠組み、すなわち、「政治的相互依存」に関わる諸要因を考察の手がかりとして用いなければならないのである。そして、こうした現象の分析成果を蓄積することによって、国際協調と国際秩序との関連性を明確にすることが可能になると思われる。

（2）政治的相互依存と国際秩序

しかしながら周知のように、国際秩序という概念の定義は非常に難問であり、そこには統一的な合意が存在しないことも明記しておかねばならない[57]。従来の国際政治学的な研究においても、いわゆるロールズ流の「分配の正義論」を国際関係に適用して、これを基に国際秩序の規範理論の構築を目指したものも存在したが[58]、比較的この種の問題領域における成果は少ないと言える。一般に国際秩序と言う場合は、「平和」という概念と密接な関連をもっている。そして、そこでも同様にして、例えば単に戦争のない状態としての消極的平和と、南北間の非対称的国際関係における構造的暴力を是正した形としての積極的平和ということの対比に代表されるように、その概念規定は非常に困難である。また現実の国際政治においては、ある国にとって利益が得られる状況は必ずしも他国の利益にならない場合も多い。したがって、本章で用いている国際秩序という言葉は、あくまでも印象論的な規範的枠組みとしての秩序というものを念頭においた概念にすぎないものである。それは、少なくとも武力紛争に訴えることは当事国同士の不利益になることなど、いわゆる国際社会における国際法等の制度的枠組みの背景にある理念的な状態である。

もとより秩序というものは、時間的および空間的に限定された意味合いをもつ状況観念であり、したがって事情の変化に即応して変化するものであり、同時に、誰がそうした秩序を形成するのかという意思と能力に関わる問題、さらには「予測可能性」といったような問題も関連してくるのである。すなわち、ここで使用された国際秩序という概念中の「秩序」という言葉は、言わば「混乱」や「混沌」と言われるような状況と対比されるようなものであり、非常に柔らかい意味で使用されている。その意味で、外生的ショックを受けても以前の状態に回帰するレジリアンスをもつものとしての「安定性」をもつ状況のことを指している。そして、こうした国際協調と国際秩序との両者の関係を理論的に結び付ける作業こそ、本章の議論の国際政治理論的意義を考察する際に決定的に重要である。なぜなら、現実の認識と規範的な理想状況の間に立って、両者のギャップを埋めるための方策を提示するという政策論的視座が、社会科学の一分野としての国際政治学的研究にとって非常に重要な役割の一つであるからである。米国流の政策科学的方法論を引き合いに出すまでもなく、現状のより詳細なる認識、規範的枠組みの整備、そしてそこから導出される政策論の構築という問題意識は、国際政治理論の重要な存在意義に関わる問題である(59)。

したがって、ここでは国際秩序を「国際政治場裡において、その構成メンバーたる主権国家間の相互作用に関する基本的な制度的枠組みが崩壊しないような状態およびその枠組みが動揺した際に安定性を回復し得るレジリアンスをもっているようなシステムの状態(60)」として定義すれば、先の国際協調の定義と合わせて、そのアナロジーにおける示唆を得ることができよう。

4　結　論

(1) 要　約

本章は、一般に国際協調と呼ばれる諸国間の行動に関する分析視角を整理するため、その先駆的な業績としての国際経済学的研究の成果を土台として、そこに国際政治学的な解釈を施しつつ枠組みの整備を行い、さらにこうした議論を従来の国際政治理論の体系の中で位置づけた。ここで以下に、その過程で明らかになったことについて列挙する。

まず第一に、国際協調という活動に関わる現代の国際関係における諸概念の定義づけを行った。そこでは、まず国際協調の基底に存在する「国際的相互依存」という概念を「構造的相互依存」「政策目標の相互依存」「政策手段の相互依存」としてとらえ、これに基づいて国際協調を「構造的相互依存の状況下にある国際政治場裡において国際システムを構成する各国が、自国の利益を擁護したり拡大したりすることを目的として、交渉過程などをともなって他国の行動や思惑などを考慮しつつ、対内的および対外的な政策の目標・手段を選択・調整し、他国との共通利益を認識・捜索・創造する活動の総称」と定義づけ、若干の留保条件を追加して以後の議論展開の布石とした。

第二に、こうした諸概念の規定に基づき、国際協調の国際政治学的分析の枠組みを整備した。そこでは、当該政策の目的の相違によって「相互政策抑制型」「相互政策促進型」「非対称型」の三つの類型、国際協調の実現方法としての「制度型」「自由裁量型」の二つの類型、さらに当該政策の遂行における適用対象の相違によって「問題領域別」「地理的範囲別」についてそれぞれ三つの類型を提示した。

第三に、このような分析的枠組みによって実証研究を行う際の仮説の導出を試みた。そこでは、国際協調実現の要件としての当時国間における共通利益と行動選択の意思の存在（仮説①）、国際協調実現の要件としての非協調的行動の選択によって期待される損失の認識（仮説②）、国際協調遂行過程における問題領域別政策間リンケージ（仮説③）、国際協調遂行後における問題領域別期待収益間のリンケージ（仮説④）、国際協調の政策手段としての対内政策の可能性（仮説⑤）、国際協調の政策決定過程ないし遂行過程における交渉行動の省略（仮説⑥）、国際協調の実現方法としての制度型と自由裁量型の補完的関係（仮説⑦）、政策対象である地理的範囲の大小と政策目標の許容範囲の大小との比例的関係（仮説⑧）、国際協調の目的別類型における政治的コストをめぐる非対象型の相互型に対する優位性（仮説⑨）、国際協調の行動選択基準としての成功率や実行可能性・継続性の実利に対する優位性（仮説⑩）という諸仮説が提示された。

最後に、以上のような議論を従来の国際政治論の体系の中で位置づける作業が行われた。そこでは、特に七〇年代から八〇年代にかけて興隆したいわゆるマクロ国際政治理論の諸説が、いずれも今後の新しい国際秩序構築の手段としての国際協調という活動に規範的ないし政策論的意義を見出しており、したがって本章で行われたような類の議論が「国際秩序論」的な意義をもっていることが指摘された。

（2）課　題

さて、以上のような議論の総括に引き続き、最後に、本章で提示した議論の今後の研究における課題を展望する。第一に、本章で提起した概略的な枠組みを、その論理的整合性という視点から精緻化する努力をする必要がある。言うまでもなく、ここでの枠組みは一般に「理論」という名で呼ばれる概念とは程遠いものである。そこでは当然の事ながら、より厳密な概念の規定、より現実妥当性をもつ仮定条件の整備、より論理的な仮説の導出、そしてより詳細な実証研究の蓄積とフィードバック作業による議論の修正作業が行われることが望まれていると同時に、いわゆる研究対象の拡大という重要な課題も残されている。例えば、本章は国際協調的な政策が立案される際のいわゆる「政策決定過程(61)」についてはほとんど言及していない。また、そうしたアウトプットとしての政策が、実際に当該諸国間において調整される際の「政策調整過程」やそれに関わる「調整変数」の検討も守備範囲としていない。さらには、政策が遂行される際の問題領域間における「相乗効果(62)」ないし「交錯効果(63)」の考察も行われていない。こうした諸点も含めて、より綿密な研究の遂行によって議論の整備をはかることが重要であろう。そして将来においては、上記のような国際協調に関する多分に静態的な議論を、より動態論的な枠組みにまで拡大構築することも重要である。

第二に、既に指摘したような詳細な実証研究の蓄積という課題である。そして、そこではいわゆる従来のわが国における実証研究の主流である記述的手法と並んで、数量的分析手法を用いた研究成果の発展も望まれている(64)。特に国際協調は、諸国が限定された他国に関する情報の世界の中で自国の政策を選択するという活動の一種であり、言わばゲーム論的な状況に置かれていると考えられるため、こうした手法はその実証研究の遂行のみならず、より論理的な理論枠組みの整備にも有用であると思われる。

一般的に言えば、社会科学的な研究、特にその理論的な研究成果の発展を目指すことを目的として研究を展開する場合に重要なことは、実証性ないし現実妥当性と理論的精緻性との乖離に注意するということである。すなわち、社会科学の一分野としての政治学の中の一領域としての位置づけをされる国際政治学においては、あくまでも現実の国際政治場裡における事象の動向とその理論的枠組みとが整合性をもっていなければならないということである。したがって、もし仮に従来の理論的枠組みの中で説明できない現象の変化や新しい現象の生起が発見された場合には、言うまでもなくそうした動向に即応する形で従来の理論の修正や新しい理論の構築が行われなければならない。このような視座に立脚した場合にそこから導出される方法論的命題の一つは、理論的研究と実証研究との併用という姿勢の堅持にほかならない。そして、本章で提起した国際協調という問題領域の研究においても、その命題はあくまでも妥当すべきところである。したがって、われわれが、この種の研究における有意義な理論的成果のより一層の蓄積を望む以上は、そこに理論と実証のフィードバックという作業の過程が存在しなければならない。

注

（1）Spero（1990）。
（2）代表的業績としては、Rosenau, ed.（1969）および日本国際政治学会編（1981）における特集「相互浸透システムと国際理論」所収の諸論文など。
（3）こうした現象に関する学術的業績の発展は、言うまでもなくローマ・クラブの報告『西暦二〇〇〇年の地球』に端を発している。
（4）こうした現象に関するわが国の国際政治学者の体系的文献としては、鴨・山本編（1979）。
（5）例えば、Cooper（1965）。
（6）例えば、Keohane and Nye（1977）。
（7）戦後の冷戦下におけるわが国の対中共貿易の積極的な遂行なども、こうした「政経分離主義」現象の一例であろう。
（8）例えば、Cooper（1965）や Tinbergen（1965）。
（9）ここでは、「紛争理論」や「核抑止論」などの現実主義者の業績を指している。特に米国においては、H・モーゲンソーからS・ホフマンなどに至る一連の業績がこうした状況を裏づけている。Hoffmann（1959）。
（10）代表的業績として、Haas（1964）、Deutsch（1978）。またわが国における業績として鴨（1985）など。
（11）代表的業績として、Balassa and Others, eds.（1975）、Viner（1951）。など。
（12）一般にわが国の国際政治学においては、Keohane and Nye（1977）の刊行をもって相互依存論の登場とするのが通説である。
（13）「極」中心思考の終焉に関しては、進藤（1982）。また、「極」中心思考から「地域」中心思考への移行については、筆者報告（1989①）参照。

(14) この造語に関しては、筆者報告（1989②）参照。
(15) この造語に関するより詳細な検討に関しては、石井（1990②）参照。
(16) ここで言う「政策論」とは、米国流の政策科学的方法論における「問題解決の学」という概念に影響を受けている。国際政治学を「国際政治場裡における問題解決の学」としてとらえる試みとして、石井（1989①）参照。
(17) 代表的文献として、Tinbergen (1952)、Tinbergen (1965)、Kindleberger (1970)、Katzenstein, ed. (1978)、Cooper (1985)、Cooper（1965)。
　また、こうした経済政策をめぐる国家の協調にとどまらず、広く国際関係における協調活動の把握を試みたものとして、Olson and Zeckhauser（1968)、Taylor（1976)、Jervis（1978)。

　さらに、包括的業績として、Axelrod（1984)、Taylor（1985)、Horne and Masson（1988)、Guerrieri and Padoan, eds. (1988)、Ghosh and Masson（1988)。

　また、わが国の研究者の手によるこの種の分野の先駆的業績としては、大山（1967）があり、その後、大山（1988)、Hamada（1974)、浜田（1982)、Komiya（1980)、小宮（1986）など。特に大山（1988）は従来の研究成果を踏まえた上での優れた文献であり、本章における以下の記述や試行もこれに負う部分が多い。
(18) こうした主体の活動に関する議論については、Keohane and Nye, eds.（1972)。また非国家的行為主体の中で、近年特に重要視されている多国籍企業の活動に関しては、Vernon（1971)。
(19) マンデル（1971)、大山（1988）二六～二九頁参照。
(20) 小宮（1986）には、議会制民主主義体制における選挙によって選出された政策決定者は、自国の利益を犠牲にして他国の利益を優先するような政策を遂行できないという認識から、国際協調不可能論が展開されている。
(21) 政策決定者は、与えられた環境の中でも最も合理的な選択をしながら政策を遂行し、被支配者はそれに必ず服従するという仮定のことであり、一種の「哲人政治」を想定している。
(22) 政治行動の議論に「時間」的要素を取り入れて考察をした先駆的業績として、曽根（1984)。こうした議論は、当該政策の遂行が一回限りのものか継続的な反復性をもつものかという重要な問題に対する示唆を与えている。
(23) 政策決定過程に関するミクロ国際政治学的な研究については石井（1987)。
(24) 例えば、大山（1988）参照。
(25) Tinbergen（1954）および大山（1988）三〇頁以下参照。

(26)　「非対称的」な国際関係に関する国際政治理論の動向については、石井（1989②）参照。

(27)　ここで言う「調和」とは、Keohane（1984）五三頁に示された概念と同義である。

(28)　こうした論理展開は、政治の経済分析を行っている公共選択論者に多い。わが国の政治学者による先駆的業績として、小林（1988）。

(29)　ここで言う「調和」とは、Keohane（1984）五三頁と異なる意味で用いられている。

(30)　以下の議論は、Cooper（1985）および大山（1988）二三頁以下による。

(31)　また、特にこうした状況設定に鑑み、プレイヤーの協調解がパレート最適になるという論理を用いて国際協調の必要性を主張する文献として、大山（1988）。ここでは、国際公共財の提供コスト分担を国際協調によって行い、各国ができるだけ他国にそれを負担させようとして公共財に対する選好を過小に表明するインセンティブをいかに解決するかという問題への取り組みが見られる。

(32)　この定義は、大山（1988）二六頁。

(33)　国際政治をこのようにとらえる代表的論稿として、田中（1987）。

(34)　ゲーム理論の標準的な論理による。

(35)　この議論を構造方程式によって表せば以下のようになる。ただしここでは、自国の目標変数、外国の目標変数、自国の手段変数、外国の手段変数、与件（外生変数）をそれぞれ、

$$t_h,\ t_f,\ p_h,\ p_f,\ d$$

とする。

＊簡単な国際的相互依存の理論モデル（政策目標の相互依存）

$$H_i(t_h;\ p_h,\ p_f,\ d)=0 \quad (i=1,\ \cdots\cdots,\ n_h) \qquad (1)$$

$$F_j(t_f;\ p_h,\ p_f,\ d)=0 \quad (i=1,\ \cdots\cdots,\ n_f) \qquad (2)$$

ここでは、目標変数のベクトル t は共通の要素を含んでも良く、したがって国家間に政策目標の相互依存という関係がある場合も示している。

＊簡単な国際的相互依存の理論モデル（構造的および政策手段の相互依存）

$$t_h = G_h(p_h,\ p_f,\ d) \qquad (3)$$
$$t_f = G_f(p_h,\ p_f,\ d) \qquad (4)$$

ここでは、tの要素がpの要素の変化によって影響を受けるのである。大山（1988）二四〜二六頁参照。

(36) 国家間の「共通利益」に関する考察については、石井（1990③）参照。

(37) ここで言う政策の調整は、政策「決定」および「遂行」の双方の過程を含んでいる。

(38) 山本（1984）参照。

(39) 以下の記述は、大山（1988）に多くを負っている。

(40) 大山（1988）三三頁以下。

(41) 大山（1988）一二八頁以下。

(42) 大山教授は、こうした政治学的解釈の考察をも行っている。大山（1988）三九〜四〇頁。

(43) この点に関しては、Cooper（1985）一一二九頁以下参照。

(44) 以下の議論の基礎は、筆者報告（1989①）。

(45) レジーム論に関しては多くの業績が見られるが、とりわけKrasner（1983）が詳しい。

(46) 政策協調に関する議論を包括的に整理した業績として、翁（1987）。

(47) 国際機構がもつ機能と国際秩序の構築とを関連させた議論として、石井（1988）。

(48) 国際法などの制度的枠組みによる国際秩序の模索という問題に取り組んだ業績として、石井（1990③）。

(49) 国際協調当事国のこうした行動に関して、それを地域主義的規模における共同行動という問題に限定して検討したものとして、石井（1990②）。

(50) 代表的文献として、Gilpin（1981），（1987）。

(51) 代表的な文献として、Wallerstein（1974, 1980）。また邦語文献として、石井（1989①）（注釈(26)）、田中（1989）、柳田（1989）。

(52) 代表的文献として、Keohane and Nye（1977）。また邦語文献としては、山本（1989②）および山影（1988）、さらに鴨・山本編（1988）。

(53) 石井（1989①）（注釈(16)）参照。

(54) 石井（1989①）の方法論的検討を見よ。

(55) 石井（1989①）（注釈(44)）参照。

(56) 石井（1989①）（注釈(15)）参照。

(57) 石井（1989①）（注釈(16)）参照。

(58) Beitz（1979）などを参照。

(59) ドロル（1975）および日本政治学会編（1983）参照。

(60) 石井（1990③）（注釈(15)）参照。

(61) 石井（1987）（注釈(23)）参照。

(62) 当事国間で遂行された政策が、各々が別々に遂行された場合よりも多くの便益を当該諸国にもたらすならば、その増加した効果分が「相乗効果」である（正の効果）。

(63) 同様にして、それがより少ない便益をもたらすならば、その減少した分が「交錯効果」である（負の効果）。

(64) こうした試みとして、山本（1989①）。

第6章　国民車プロジェクトの理論

1　問題の所在

国際政治経済社会におけるアジア地域の将来動向が各方面から期待されて以来、すでに長い年月が経った。周知のように、この地域にはいくつかの懸念すべき要素が存在している。途上国自身の努力による開発成果の動向は言うに及ばず、地域大国たる中国の軍事大国化の状況、購買市場（アブソーバー）としての自立可能性、先進国による経済侵略、環境破壊、民族紛争などの諸問題である。特に、途上国の経済発展や民主化の促進を目指した国際機関の活動や、公的ルートを通じた国家レベルによる経済協力活動——例えばＯＤＡなど——の効果の限界が叫ばれてから久しい(1)。

いずれにしても、日本が真の意味で他のアジア諸国との国際協調関係を構築していくためには、多国間にまたがる政治協力体制の枠組みを構築する作業とともに、その基盤ともなり、誘発剤ともなる経済交流の場における民間の多国籍企業の広範な活動による堅固な構造的相互依存体制を整備する作業もまた、急務であろう。今やわれわれは、公的レベルにおける経済協力（ODA）の行動規範と理念を再検討する必要に迫られていると同時に、民間レベルにおける経済協力（直接投資）の望ましいあり方に関する行動規範と理念を検討する必要に迫られているのである。

ところで、途上国が先進国との技術提携という手法を通じて自国の工業化を達成するための政策を遂行する際に、いわゆる国民車プロジェクト（自動車産業の育成）という産業振興政策を選択する事例が見られる。例えば、かつての韓国のヒュンダイ・プロジェクト、また、マレーシアのプロトン・プロジェクト、そして、WTO違反の嫌疑が取り沙汰されたことで注目を集めたインドネシアの国民車構想などである。古くはまた、高度成長期の日本においても、実現こそしなかったが、当時の大手国内自動車企業間の連携という形態で政府主導型の国民車構想が提起された時代もあった。

自動車産業は、その自動車という取り扱い商品の複雑多岐にわたる製造工程という性格に基づき、非常に裾野が広く、仮にこれを軌道に乗せることに成功すれば、国内市場における広範な外部経済効果と輸出を通じた国際収支の改善という相乗効果を期待できる有力な産業である。したがって、いずれの途上国も、この自動車産業の育成という開発手法に希望を抱いていると考えて良い。しかしながら、自動車産業に限らず、ある国において一つの産業を興業させるという作業はそれほど甘いものではない。特に、こうした興業活動の過程においては、途上国自身の努力以上に、技術提携相手である多国籍企業の側の努力や配慮も重要なファクターとなるのである。

そこで、本章では、国家の政治経済発展と自動車産業の育成という興業活動の相互作用の過程について理論的に検討し、その過程における多国籍企業の役割という視点から、途上国の発展における多国籍企業のあり方という問題へアプローチする。(2) すなわち、途上国の政治経済発展にプラスの効果を及ぼすような多国籍企業の行動と理念に関する理論的枠組みを構築するための作業へ向けて、自動車産業の育成という題材に着目して議論を展開することが本章の目的である。反面、従来においては、多国籍企業の活動が途上国にとってマイナスの効果を与えるという指摘が存在した(3)。いわゆる、先進諸国による経済侵略の手先、新植民地主義の先兵、環境破壊の元凶などというイメージや議論がそれであり、その多くはマルクス主義的もしくは構造／新構造主義的な論理に基づく研究成果であった――例えば従属論など。

しかし、アジアＮＩＥＳ諸国の発展やＡＳＥＡＮ諸国の興隆などの現象変化にともない、言わば「近代経済学の復権と従属論の後退」を契機としたニュー・クラシカルな認識に基づく研究の視座が登場するようになった(4)。それは、まさしく直接投資活動の主体たる多国籍企業のプラス効果を積極的に評価するというスタンスの設定であり、一九六〇年代から七〇年代にかけて興隆した多国籍企業をめぐる古典的な議論の再評価でもあった。本章では、途上国における興業――一つの産業を興す活動（国産製品を開発・製造・販売・輸出し得る能力を有する現地民間企業の育成活動）――に寄与する多国籍企業の役割というコンセプトの理論的精緻化をはかり、もって途上国の国民車構想に関する分析的枠組みを構築し、アジア・太平洋地域の国際協力体制を模索する作業の一環とする。

2　操作概念と分析的枠組み

（1）諸概念の論理的連関性と発展段階の区分

ところで、筆者は、別の機会に、途上国における政治発展と経済発展の相互作用に関する理論的検討を行う研究を展開した(5)。ここではその議論を土台として踏まえた上で、途上国の政治経済発展と自動車産業の育成過程に関する諸概念の整理作業を遂行する。

さて、一般に途上国が経済発展や政治発展を実現するためには、自国に自立的な産業や企業を振興したり（興業活動）、政治的な正当性を有する制度の枠組みを整備することが必要である。その場合、時間をかけて自然発生的に産業の振興や国民の政治意識が熟成するのを待つという方法と、政府が強力なリーダーシップを発揮して短時間でこれを育成するための政策を実施するという二つの方法が考えられる。ここでは、前者をインダストリアル・サポート（政治的にはソーシャル・サポート）、後者をガバメンタル・サポートと呼ぼう。特に自動車産業の場合には、商品一単位当たりの製作に約三万点もの部品が必要で、こうした部品の供給や新技術の開発が自国で賄えるようになるためには、当該産業を支えるためのそれ以外の産業（サポーティング・インダストリー）の成熟が不可欠である。したがって、この産業の場合には、特に後者の方法が選択されることになろう。

しかし、ガバメンタル・サポートの時期が永久に持続されるわけではなく、時間の推移と産業社会の発展に即応して、その重心は徐々にインダストリアル・サポートへと移行していくと考えられる。ここでは、ガバメンタル・サポートに重心がおかれている時期を「黎明期／離陸期」と呼び、それが徐々にインダストリアル・サポートへと重心を移行させていく時期を「発展期」と呼び、さらには、ガバメンタル・サポートよりもインダストリアル・サポートの比重が多くなっていく時期を「成熟期」と呼ぼう。途上国における政治経済発展の過程も、あるいは自動車産業発展の過程も、いずれもこうした三つの時期区分の視点から検討することを通じて、より明確な分析作業の遂行が可能となるであろう。

さらに、以上に整理した諸概念をより具体的に換言すれば、以下のような連関性を有する論理的表現が可能となる。すなわち、ある途上国が統一や独立を達成した後に国家としての自立性を獲得していく過程の初期においては、特に経済的自立を目指すところのいわゆる政府主導型の産業振興政策が施行されることになるが、その際、人的資本としての労働スキル向上のための管理・訓練ノウハウ、資本調達方法としての援助・賠償、他力本願的イノベーションとしての技術移転など、生産力拡大のための諸要素の多くは先進国からの国際協力活動によって賄われることになり、同時に、当該国の政府は国内産業を振興させるための便宜として、景気高揚のための拡大型財政政策によるインフラ整備、自国企業育成のための緩和型金融政策、国内資本を保護するための関税障壁や数量制限をともなう保護貿易政策を遂行していく（ガバメンタル・サポート）。そして、工業化の発展段階が一次産品輸出型から輸入代替型、さらには輸出志向型へと移行していくとともに、徐々に政府主導の色が薄くなって自由化が進行し、各種の国内産業は相互の連関性をテコとして自律的に発展していくようになる（インダストリアル・サポート）。また、これと並行して、生産要素の拡大や向上に関わるパートナーシップの相手も、先進国政府や国際機関などの公的な組織から、民間の多国籍企業へと移行していく（いわゆる外資導入政策）。

ここで、最も重要な点が二つある。すなわち、第一に、経済発展の実現という事象が当該国の国民に経済的動物としての自覚を促すことによってその国民意識の醸成のために寄与し、それを通じて国民が徐々に自らの政治的動物としての存在性――自由民主主義の意識――に目覚めるようになり、ひいてはそうした意識変化が当該国の政治発展を促進するという可能性であり、ここに、経済発展が政治発展を導出するという論理が登場するわけである。第二に、民間の多国籍企業がＯＤＡなどの公的な国際協力と並んで、ある程度の発展段階に到達した途上国にとって国際協力のパートナーとなり得る存在であるという点である。本章の以下の議論は、この二つの可能性に着目して遂行されていくことになる。さらに、この双方の可能性を論理的に連結すれば、途上国の経済発展に寄与する多国籍企業の活動は、その政治発展のためにも間接的に寄与することになろう。

（2）政治経済の発展過程と多国籍企業の役割

さて、それではここで整理した諸概念を用いて、まず、途上国の政治経済発展と多国籍企業の役割との関連性を論じ、ついで、その関連性における自動車産業育成の意義を論じつつ、時系列的発展モデルを構築していこう(6)（以

表6-1　国家の政治経済発展と自動車産業の相互作用に関する時系列的意義

	①黎明期／離陸期	②発展期	③成熟期
IF	国家の政治経済発展段階		
経済発展段階	第1次産業中心	第2次産業中心	第3次産業中心
政治発展段階	独立・統一	開発独裁	民主化
貿易政策	1次産品輸出	輸入代替工業化	輸出志向型工業化
政策介入	保護主義	保護主義／自由化	自由化
THEN	自動車産業の発展段階		
途上国認識	生産要素の供給地	提携相手	競争相手
技術段階	模倣技術	量産技術化	独自開発技術
資本構成	政府／外資	政府／外資／民間	外資／民間
労使関係	安定賃金	組合・安定雇用	福利厚生
提携企業	官民協調	外民協調	民民協調
商品価値	走行性能	居住性	安全性
主導車種	小型車	中型車	大型車

下、表6-1を参照)。

さて、ヨーロッパやアメリカの先進諸国の歴史においては、さまざまな試行錯誤や長い潜伏期間を土台として、市民革命や産業革命などの変動を越えた結果、現代の高度に発達した政治経済社会を創り上げているという事情は周知であろう(7)。しかしながら、国際社会における従属的地位を返上し、早期に豊かな社会の実現を目指していく途上国には、そうした長い歴史的蓄積を待つ余裕はなく、非常に短期間の努力によって近代化を実現する必要があり、そのような悠長なことを言っていられない状況にある。したがって、すでに述べたように、途上国における産業育成は原則としてガバメンタル・サポートを基軸に展開されるか、もしくはガバメンクル・サポートによって醸成された産業力によるインダストリアル・サポートとの併用という形態で遂行されることになると考えられる。

① 黎明期／離陸期

ところで、標準的な経済学の考え方によれば、途上国の経済発展とは、まず当該国の一次産品輸出を通じた資本蓄積という活動から開始される(8)。この段階ではまた、政治社会的には、独立・統一の作業に続いて、強力なリーダーシップを有する政治権力が登場し始める時期からその発展が開始される。さらに、この時期における多国籍企業は、当該国を自己の工業製品生産のための原材料・エネルギーの供給地や、安価な労働力を求めての単純部品の製造地もしくは製品の組み立て地として認識しており、そこに地場産業を育成するという興業意識を抱く状況までは届かない。また、途上国の政府自身としても、国内のインフラ（社会資本）の整備にようやく着手し始めるのに精一杯の時期であり、その資本の多くは、むしろ先進国からの援助や戦争賠償などによって賄われることになる。言うまでもなく本章では、この初期段階を、産業育成における「黎明期／離陸期」と呼んでいる。

② 発展期

次に国内市場を充実させるために、政府が社会資本の整備や公共投資の拡大を通じた景気高揚のために努力する一方で、国内企業が自己の生産・販売する既存商品の品質向上や価格競争力の強化とともに、独自の個性を有する新商品を開発するための技術の習得に努める時期に突入する。経済発展の段階としては、先に一次産品輸出によって蓄積された資本力を土台として、いわゆる輸入代替工業化を推進していく時期となる。また、政治社会の状況としても、比較的強力な権力基盤を有する政権がリーダーシップを発揮しつつ、開発独裁や権威主義型の社会体制を確立していく時期でもある(9)。

ところで、この段階における多国籍企業の役割は重要である。この時期は、途上国において近代的な工業化が最も急速に進み、多くの新しい地場産業がその芽を出し始め、それを軌道に乗せるための努力が国家（政策）レベルでも民間レベルでも強力に展開される時期だからである。多国籍企業は、ここで公的な援助政策とならんで、直接投資という形式の技術提携や興業活動（産業の育成）という役割を担う立場に立たされることになる。また、この時期には、当該国政府の貿易政策としては、国内企業を保護するための輸入品に対する関税障壁や数量制限が実施され、国内市場における国内企業の優位性を確立するためのサポートが公的に展開される段階となる。言うまでもなく本章では、この段階を、産業育成における「発展期」と呼んでいる。

③ 成熟期

さらに、こうした国内市場の充実と国内企業の強化、特に、品質・価格の両面における国産商品の国際競争力の強化をテコとして、次の輸出志向型工業化の時期に突入すると、ここに国際市場への挑戦、すなわち他国商品との競争が始まるわけである。そして、この時期には、こうした国民経済の基盤の整備という要素を土台として、政治社会的にも安定的かつ漸進的な政策志向の体制が固まっていくことになる。また、多国籍企業も、こうした当該国の民間経済パートナーや資本参加、すなわち株主という純経済主体としての役割へ自己のスタンスを移行させるようになるのである。さらに、この時期には、当該国の政府は徐々に国内企業保護のための保護主義的な貿易政策を自重しはじめ、むしろその社会的影響力を増大させた国内企業自身が、逆に、政府の政策指針のために自己の経営政策を適応させていく段階に突入していくことになる。言うまでもなく本章では、この段階を、産業育成における「成熟期」と呼んでいる。

ちなみに、政府開発援助（ＯＤＡ）などの公的国際協力活動の場合には、先述の過程における多国籍企業の役割を、先進国の行政主体たる官僚機構、もしくはそれに準ずる官庁系団体、または援助関連の国際機関が遂行するものとして代用できることを言及しておく。しかしながら、その場合には、多国籍企業のような利潤追求主体としての制約が存在しない分、政府的威信や人道的意義などに基づく行動原理が作用する場合も多く、経済的には不利益を被るような行動選択の可能性も存在している。

ところで、あくまでも利潤追求のための営利組織である多国籍企業には、先述のような現地企業の育成を手伝うサポーターとしての役割（国際機関とほぼ同様の役割）とは異なるもう一つの選択肢を選ぶことも可能である。それは、あくまでも純粋な経済主体としての行動原理に執着する方法であり、直接投資の当事者として永続的に当該現地企業の経営権を保持しつつ、その利潤の中から納税という形で途上国の利益に還元していくという手法がある。例えば、日本のトヨタ自動車は、アジア諸国への直接投資活動においてこの方法を選択している。しかし、ヒュンダイ・プロジェクトやプロトン・プロジェクトにおける三菱自動車／三菱商事（ＭＭＣ／ＭＣ）の活動などはこの逆であり、終始サポーターとしての役割を担う方法を選択した。

さて、以上のような道程を経て、途上国は産業育成を通じた発展の過程を辿ると考えられるのであるが、次節では、より具体的に、このような一国レベルの政治経済発展の過程と自動車産業の育成過程との相互関連性について検討する。

3　国民車プロジェクトの時系列的発展モデル

（1）自動車産業育成の過程とその意義

自動車産業は、俗にいう「キング・オブ・インダストリー（産業の王者）」の呼び名にも表わされるように、非常に裾野が広く、また、社会的かつ技術的に相当な成熟度を有する舞台が整備されて後、はじめて一国に開花する産業である。したがって、これを一つの自立産業として軌道に乗せるためには、第一に、経済社会の基礎的な土台がしっかりと整備されるまでの長い歴史的蓄積が存在するか、さもなくば、第二に、当該国政府の強力なサポートによる産業育成のための短期集中的な努力――社会資本の整備や税制面における優遇制度の確立――などが必要となる。本章では、前者をインダストリアル・サポート、後者をガバメンタル・サポートと呼ぶことについてはすでに指摘した通りである。したがって、途上国における時間的制約と自動車産業の産業構造的制約の両側面から考察すれば、その手法は自ずから後者の方法が選択されるであろう。ゆえに、ここでは後者の視点に立って、自動車産業が育成されていく過程を一国の政治経済発展の過程とに関連させつつ、時系列的発展モデルを構築していこう(10)。

① 黎明期／離陸期

第一に、「黎明期／離陸期」である。この時期には、まず、さまざまな側面からの検討を経た上で合弁事業や国営事業などの形態によって自動車企業が設立され、ついで、当該国の企業が提携相手国の企業から生産・販売活動のあらゆるノウハウを習得していく活動が行われる。いわゆる「モノマネ」に終始することを通じて、将来に個性を発揮するための土台を造る時期である。提携相手の全面的な指導の下に共同でマーケティングや車種の開発・選定などが行われるとともに、部品の完全輸入体制という枠組みの中にあって、商品の品質や価格などの技術的側面も提携相手からの指導に頼らざるを得ない。また、国内市場開拓のため、当該国の政府が積極的に需要拡大のための社会資本の整備や公共施設の充実をはかる政策を推進し、資本構成の面においても同様に政府からのテコ入れに頼る状況となる。また、国民の所得レベルに基づく需要動向に鑑み、自動車という商品の最も基礎的な商品価値であるエンジン性能と価格が重視され、居住性や安全性などのより高度な商品価値の概念は未だ登場してこない時期である。

さらに、国民経済の発展段階からいえば、一次産品輸出の拡大から得た利益を元手とした輸入代替工業化が推進され始める初期に当たり、同時に、政治社会的には、幾多の変動を経てようやく比較的安定的な政権が登場し、国民に政治意識としての近代的なリベラル・デモクラシーという概念がお目見えし始める時期に当たる。しかし、この段階における当該国の企業は、依然として近代組織としての形態を整えていない状態にあると考えられる。ちなみに、この時期に取り扱うメイン車種としては、販売可能性の決定要因として最も重要である当該国の国内市場の需要動向に鑑みて、およそ一・三L～一・六Lクラスの排気量エンジンを搭載する車種（コンパクト・サイズ）となるのがふさわしいであろう。トヨタのカローラ、日産のサニー、三菱のミラージュ、ランサーなどがこれに該当する。

② 発展期

第二に、「発展期」である。この時期には、技術提携相手からのアドヴァイスに基づいて当該国の企業自身の手により車種の選定やマーケティングなどが行われ、将来における独創的な新車種の開発力を養成するという目的を実現するために必要な基礎技術上のノウハウや販売活動のルーティンが習得されるが、部品の多くは提携相手国もしくはその部品生産国からの輸入に頼っている。また、国内市場を充実させるために、政府が輸入車に対して関税障壁や数量制限を課し、国内企業を保護するための施策を講じる環境が設定される。したがって、こうした環境の中で生産・販売される国産車は、性能面においては輸入車の敵でないにもかかわらず、特に、価格面における優位性に基づいてその生産・販売量を拡大していくことができる。また、国際市場においても、当該国よりも自動車産業が未発展の国々に対する輸出量を伸ばすことが可能となるが、資本構成においては国営または準国営（半官半民）としての様相から脱皮し切れない形式を取っており、また、その活動においても既述のような政府によるガバメンタル・サポートなくしては成り立たない段階である。

さらに、この時期は、当該国の国民の所得上昇にともなう需要動向の変化から、商品価値としてエンジンの性能に加えた居住性・安全性などの要素が重視され始める時期でもある。すなわち、国民経済の発展段階からいえば、近代工業化の中核としての輸入代替効果とともに、若干の輸出志向型工業化への挑戦を通じた国内市場の充実と国際市場への参入が徐々に始められる時期である。同時に、政治社会的には、議会における比較的安定した多数議席を誇る政党を基盤とした政権が当該国家の発展のための政策を断行できる状況でもあり、リベラル・デモクラシーの必要性が徐々に国民意識として浸透していく時期である。さらに、当該企業が現代企業としての体裁を整備していくのもこの時期であり、特に、労使関係の側面において企業組織としての近代化がはかられる時期であると考えられる。

ちなみに、この時期に取り扱うメイン車種は、国内市場の需要動向における消費者の高所得化とともに、他国、特に当該国よりも自動車産業の発展が遅れている地域への輸出可能性にも鑑み、およそ一・六L～一・〇Lクラスの排気量エンジンを搭載する車種（ミディアム・サイズ）が適することになる。トヨタのコロナ、日産のブルーバード、三菱のギャラン、エテルナなどがこれに該当する。

③　成熟期

第三に、「成熟期」である。この時期には、従来車種の部品の国産化とともに、新車種のデザインや新技術の開発作業が当該国自体の努力によって自律的に遂行できるようになり、国内市場においては、他の自動車先進諸国の商品と性能・価格の双方から対等に、また、国際市場においては他の先進諸国の商品と特に価格面において優位に勝負できるような商品を生産・販売し得る民間企業が育ってくる。したがって、輸出活動においても従来の市場に加えて新しい市場（自動車先進諸国への参入）が目立つようになる。また、これらの企業の資本構成に政府の色が徐々に見えなくなり、当該企業の育成のために政府が政策的な配慮をする傾向から、逆に、政府の政策方針に当該企業の活動が合わせていく傾向が強まっていく（ガバメンタル・サポートからインダストリアル・サポートへの重心の移動）。また、需要動向に即して、商品価値としても、エンジン性能、居住性、快適性などとともにボディ構造その他の安全性要素も重視されるようになる。

さらに、国民経済の発展段階からいえば、国内市場の充実と同時に輸出志向型工業化が一層進む時期であり、政治社会的には、比較的安定した政権と流動的な政治状況とが交互に小刻みな変動を見せつつ、全体としてはリベラル・デモクラシーの定着が常態化する時期でもある。また、この時期には、当該国企業が近代組織としての体裁の整備をある程度完了し、従業員が安定的な給与とともに余暇や福利厚生の提供を会社の役割として要求し始めることが考えられる（労働協約の締結や労働組合の結成）。

ちなみに、この時期に取り扱うメイン車種としては、やはり国内市場の需要動向における消費者のさらなる高所得化とともに、特に、他の自動車先進諸国への輸出可能性にも鑑みて、だいたい二・〇L～三・〇Lクラスの排気量エンジンを搭載する車種（ビッグ・サイズ）となるのがふさわしいであろう。トヨタのマークⅡやレクサス・ブランド、日産のセフィーロ、スカイライン、三菱のディアマンテなどがこれに該当する。

いずれにしても自動車産業のような高度な技術と広い裾野を必要とする産業を一国において興隆させるためには、水道、電気、ガスなどの公共設備や幹線などのインフラストラクチュアが、国家による大規模な公共投資を通じて政策的に整備されていることが大前提となる。すでに指摘したように、自動車産業とは、約三万点もの部品を組み立ててはじめて一つの商品が製造できる産業であり、したがって、これを一国の産業として自立的な軌道に乗せることは尋常の努力では成し得ない。当該産業以外にも、それらの部品を高い技術力によって製造・提供し得る他の産業が興隆していなければならないからである（サポーティング・インダストリー）。換言すれば、そこには相当なる当該国の国民経済自体の成熟度が必要となるわけである。しかし、そうした必要条件にある程度目をつぶった上で、先進国からの技術提携と当該国の政策的テコ入れに頼りつつ興業を実現しようとする活動こそ、第三世界諸国における国民車構想が意味する作業であるといえよう。それは文字通り、下からの「発展」ではなく上からの「開発」であり、急速な近代工業化政策の権化ともいえるものである。

したがって、以上のような過程を、アメリカやヨーロッパ諸国は約一〇〇年かけて、日本はその半分のおよそ五〇年をかけて駆け足で辿ってきたのであるが、しかし、韓国のヒュンダイやマレーシアのプロトン、そしてインドネシアの国民車プロジェクトなど、途上国における国民車構想は、いずれもそれをさらなる短期間、一〇〜一五年程度で疾走しようとする試みであり、構想を提示する当該途上国における産業振興政策の最も中核的な試みの一つとなるものである。したがって、その構想の実現には、途上国側および多国籍企業側の双方に甚大な努力が必要となることは必然であろう。そうした点にも留意しつつ、次に途上国における国民車プロジェクトの遂行過程における諸仮説を設定してみよう。

(2) 仮説の提示

それでは、以上論じてきた諸事項を、より理論的にIF＝THENの形式で仮説化し、本章の目的を達成しよう。なお、すでに述べたように、以下の議論においては、途上国における自動車産業の育成というプロジェクトが、原則的にはガバメンタル・サポートによって、もしくはガバメンタル・サポートによって醸成されたインダストリアル・サポートとの併用という形態で実現されるものとして前提されている。

［仮定条件：ＩＦ］

一、途上国の政治経済発展においては、発展のための時間的制約という要素によって、政府主導型のガバメンタル・サポート型の発展形態の政策が施行される。

二、しかし、途上国の発展段階が進行するにつれて、そうしたガバメンタル・サポート型の発展形態はインダストリアル・サポート（ソーシャル・サポート）型へとその重心を徐々に移行させていく。

［仮説：ＴＨＥＮ］

一、途上国における自動車産業の育成政策には、ガバメンタル・サポート型の発展形態が選択されるが、そこには先進国の多国籍企業との技術提携という要素が加わることになる。

二、途上国における自動車産業の育成が進行する過程にともなって、ガバメンタル・サポート型の発展形態はインダストリアル・サポート型へとその重心を移行させていくが、そこには当該国の政府や国民車企業側の努力とともに、多国籍企業側による自立的産業創成への努力という要素がみられる。

三、途上国における自動車産業の育成において、ガバメンタル・サポート型からインダストリアル・サポート型へと発展形態の移行が進行するのにともなって、先進国政府や国際機関が果たしてきた国際協力活動の役割を多国籍企業が担うようになり、またその活動は、途上国の経済発展の実現を通じて政治発展に間接的に寄与することになる。

4　結　論

本章では、多国籍企業の役割という視点から、途上国の政治経済発展と自動車産業の育成政策との相互関連性について時系列的に考察し、いわゆる国民車プロジェクトの分析的枠組みの構築という作業を展開した。最後に、本章で提示した理論的考察の成果の政治経済学的意義と、これを用いて実証研究を展開する際の含意について言及し、結びとする。

さて、本章では、多国籍企業がODAなどの公的な国際協力と並ぶ民間の国際協力活動の主体としての役割を果たす可能性を認識した上で議論を展開してきたが、そうした役割の遂行という作業から派生する期待効果の中で最も中核的なものは、以下のような経済および政治の面における教育的な効果であるといえよう。

すなわち、第一には、途上国の国民に自らが経済的動物である事実を自覚させ、自己の努力によって経済的利益を産出する経験、すなわち「経済発展」を体得してもらうという効果であり、第二には、途上国の国民に自分が政治的動物であることの自覚を促し、そうした国民意識の醸成を通じて自助努力に基づく国家建設の経験、すなわち「政治発展」を体得してもらうという効果である。しかし、それらの育成過程において多国籍企業が果たした役割が当該国の国民に教育効果として充分に浸透し有意義な成果となるためには、結局のところ、当該プロジェクトが純経済的に成功しなければならないであろう。仮に失敗すれば、そうした努力の方法は間違ったものであり、不必要な努力であったということになってしまうからである。したがって、最大の問題は、興業活動が絶対的に成功するか否かにある。

しかしながら、一国において何がしかの産業を育てるという作業は、当該多国籍企業における前例の有無に関わりなく、また、たとえ当該国政府のガバメンタル・サポートがあったとしても、大きな困難をともなうことは必然である。企業側の過去の業務記録として残るとはいえ、各々のプロジェクトに携わる社員や舞台は変わるからであり、また、途上国における国内の経済政策（特に産業政策）は、先進国のそれと比較して、外部の国際環境要因からの外圧に甚だ脆弱性を有するものだからである。とりわけ、その産業をできるだけ当該国の力だけで自立できるような方向でという企業方針を維持しつつ活動を展開する場合には、それぞれの途上国における社会的文化的な特殊性要素が阻害要因となる場合も多いであろう。加えて、すでに指摘したように、自動車産業を育成する場合には、アメリカやヨーロッパ諸国がおよそ一〇〇年をかけ、日本でさえも五〇年もの歳月をかけて築いてきた最先端工業を、わずか一〇～一五年程度で軌道に乗せるという尋常では考えられない作業を遂行するわけである。その意味で、このような活動の成否は、当の途上国自身の尋常以上の努力とともに、多国籍企業の側の甚大な努力――その産業が現地の自立的な産業として離陸できるようにするにはどうすれば良いのかという問題意識を常に念頭におきながら企業政策を遂行する姿勢を維持していくことができるか否か、また、そのような理念を当該企業がもち続けられるような環境が国内的および国際的に構造性をもって整備されているか否かにかかっているといえよう。

本章における議論を土台として、今後、多国籍企業が途上国の発展過程において果たす政治経済的役割という問題に取り組んだ業績が蓄積されれば、それはかつての産業主義（インダストリアリズム）を超える新産業主義（ネオ・インダストリアリズム）としての意義を見出す作業への道程となることも期待できるであろう。[11]

注

（1）ヒモ付き、贈与のいずれの方式においても政府開発援助（ＯＤＡ）の効果が限界視されて久しいが、その後、途上国自身の自立的な努力をサポートするための援助という意義を有する「自助努力支援」という概念が登場し、公的援助の規範的意義が大いに論じられる展開となった。西垣・下村（1993）。なお、援助政策において重要な役割を期待される国際組織の活動に関する政治経済学的分析については、大芝（1994）。

（2）多国籍企業の政治経済的な役割もしくはその活動の効果、また、自動車産業の育成や発展とその国民経済との関連性といった諸問題を論じた業績として、李（1991）、上野（1990）などがあり、また、産業研究として、産業研究所編（1985）、トヨタ自動車（1967）、日産自動車（1991）などがあるが、ここではそうした従来の議論を踏まえた上で、しかし、あまりそうした先行業績に縛られることなく独自の産業発展段階の基準を設定し、本章の分析的枠組みとした。

（3）前記（注2）を参照のこと。

（4）途上国がいくら努力をしても、結局はその利潤が先進国に搾取されてしまうという資本主義的生産様式（構造的要素）が存在する限り発展は不可能であるという従属論の論理は、一九七〇年代から八〇年代にかけてのアジアＮＩＥＳの発展によって現実からの致命的な挑戦を受けることになった。そこでは、従属の中での発展が可能であることが実証されたからである。しかしながら、当初のそれはアジア地域を対象とする議論に限定された傾向であった。ラテンアメリカやアフリカには、依然として貧困と低開発が存在したからである。しかしその後、それら他の地域においても発展の可能性が見られるようになり、もはや「従属論は完全に過去のものとなった」と同時に、逆に、近代経済学的な論理の復権が認識されるようになったのである。渡辺（1996）。

(5) 政治発展と経済発展の相互作用という視点は、古典派経済学や国際関係論の分野においては比較的古くから見られるが、現代では政治現象を経済学的手法を用いて分析する議論、例えば公共選択論や政治経済学の興隆によってかつての隆盛を失った観があった。石井（1995②）。しかし、政治と経済は交互に主導性を発揮して社会を進歩させる活動であり、途上国の近代化や先進国の将来展望という視座を設定する議論には、政治学や経済学といった学問領域の相違を超えて必要なものである。中村（1993）。

(6) 前記（注2）を参照のこと。

(7) 欧米諸国の近代化は、政治的な領域における市民革命と経済的な領域における産業革命を契機として飛躍的に遂行されることになった歴史的事実は周知であろう。これらの諸国における下からの革命に対して、途上国においては、強いリーダーシップを有する政府が主導的に上からの革命を行うという指向性が存在する。永い歴史的蓄積を待っている余裕がなく、短期間における発展を通じた早急な近代国家の実現という目的意識があるからである。ホブズボウム（1968）。

(8) 経済発展の基礎要因として、資本、労働、技術の三つを設定する生産関数の議論は標準的な経済学の理論である。しかし、これらの要素を操作して議論を展開する場合に、そのままの単位で使用できるのは資本要素だけであり、労働要素も技術要素も人為的に数量化して資本要素に加算することになる。したがって、経済発展の基礎要因は、究極的には資本要素の充実、すなわち資本蓄積に求められるというわけである。途上国の経済発展にこうした経済理論を適用して議論を展開する分野として、現代では開発経済学が市民権を得ている。Chenery and Srinivasan, eds.（1988）。

(9) 権威主義という概念は時代の推移にともなって一人歩きし、さまざまな対象を論じるための複合概念として修正され続けてきたが、最も興味深いのはやはり原典に提示されたものであろう。Linz（1975）。
　また戦後の第三世界諸国における強力な政治的リーダーシップに主導されて国家の硬性化と近代工業化を目指す体制を、権威主義という概念に開発のための独裁政治という要素を乗せて権威主義的開発独裁と呼ぶ場合がある。特に、アジア研究における開発独裁をめぐる議論については、平川（1994）。

(10) 前記（注2）を参照のこと。

(11)　ネオ・インダストリアリズム（新産業主義）という概念は、産業の発展を通じた当該社会における自由民主主義（リベラル・デモクラシー）の実現という意義を有する産業主義（インダストリアリズム）の概念に示唆を受けて、その現代版として考案した筆者の造語である（石井（1995①））。また、公的支援たる政府開発援助（ODA）の規範的意義については、西垣・下村（1993）。

第Ⅲ部　国際政治理論研究の新しい視座

第7章　国際政治理論の連動モデル

1　問題の所在

（1）はじめに

今日の国際政治学を支える理論的なパラダイムには、大別してミクロの理論とマクロの理論が存在する。[1]前者は、国際システムを構成する諸国家の対外政策に分析の焦点を当てて、それが決定および遂行される過程の動態を論じた理論である。また後者は、国際システム全体を分析の対象とし、それが動態する要因やその構造を生み出す要素を論じた理論である。両者は、各々が自己の分析視角としてミクロの理論を取るか、それともマクロの理論を取るかの差異をもっている。

しかし、各々の理論が取り扱っている研究の題材が、いわゆる国際政治現象と呼ばれるものであることには変わりはない。実際の国際政治現象は、ミクロの現象とマクロの現象の双方が相互に関連性をもって生起した事象であり、両者によって包括的に構成されているものである。したがって、この両者は、本来は統一的なパースペクティ

表7－1　ミクロ理論とマクロ理論の論理的交錯

論理内容の共通性	ミクロ理論	マクロ理論
パワー中心思考 対立主義的要素	国家間政治理論	現実主義 新現実主義
機能中心思考 協力主義的要素	国家体系理論	制度主義 新制度主義
イデオロギー中心思考 人間主義的要素	政策決定者理論 （超ミクロ理論）	構造主義 新構造主義 （超マクロ理論）

ブによって統合されなければならないのである。

ところで、筆者が別の機会に行った研究は、その試行の一例でもあった。(2) そこでは、マクロの現実主義理論とミクロの国家間政治理論を対立主義またはパワー中心思考のパラダイムとして、また、マクロの制度主義理論とミクロの国家体系理論を協力主義または機能中心思考のパラダイムとして、さらに、マクロの構造主義理論とミクロの政策決定者理論を人間主義またはイデオロギー中心思考のパラダイムとして、それぞれ論理的に交錯させる試みが行われた（表7-1を参照）。

しかし、ミクロの理論とマクロの理論を融合させるためには、その前段階として、まずそれぞれのパラダイムが、分析対象の面でも論理内容の面でも一貫した視座から整理されている必要がある。換言すれば、ミクロ理論の統一的なパラダイムと、マクロ理論の統一的なパラダイムの双方が確固として存在していない限り、両者の統合は実現できない。敢えてその作業を遂行するとなれば、そこでは、かつての機会に筆者が行ったように、それぞれの理論体系を構成する各パラダイムの融合を別々に論じていくことになってしまうのである。

したがって、われわれの研究活動にとっては、まず第一に、ミクロの諸理論をそのような統一的なパースペクティブから整理し、ついで第二に、やはり同様にして、マクロの理論を統一的な視座から整理することが研究方法論的に言って肝要なのである。そして、その後はじめて、より建設的に両パラダイムの融合に関する議論を展開していくという手順を踏む必要があると言える。

やはり筆者は、既に、この第一の課題に関しては論じる機会を得ている[3]。そこでは、分析対象と論理内容の両側面から、ミクロ国際政治理論、すなわち、国家間政治理論、国家体系理論、そして政策決定者理論の三つの理論的パラダイムを連携させる試みが遂行された。したがって、本章の目的は、この第二の課題に取り組むことである。すなわち、ここでは、現実主義理論、制度主義理論、そして構造主義理論という、現代マクロ国際政治理論の三つの理論的パラダイムの論理内容を統合させ、統一的なパラダイムを構築していくことになる。こうした作業によって、より科学的かつ体系的な国際政治理論の導出を目指すことが本章の最終目的である。

(2) ネオ・リアリズムとコンストラクティヴィズム

ところで、一般に、ネオ・リアリズムは、ウォルツ（Kenneth N. Waltz）の『人間・戦争　国家——国際政治の三つのイメージ（Man, the State and War: A Theoretical Analysis）』の議論を土台とした『国際政治の理論（Theory of International Politics）』という書籍の登場によって開拓された理論であるとされている。これは、ウォルツ以前の論者たちが、ミクロの外交政策論にしろ、マクロの勢力均衡論にしろ、いずれも主として各国家の行動という視点からの分析であったのに対して、ウォルツの議論が国際システムの構造という視点からの分析という新しい試みであったからである。このように、認識論的な分析手法という点では、確かにネオ・リアリズムはウォルツによって始まったと解釈できる。しかし、この問題を政策論的な分析手法という視点から考えれば、国際システムの安定が勢力均衡システムではなく覇権体制によってもたらされると指摘した業績こそは、従来型のリアリズムを超えた新しいリアリズムと呼ばれるべき成果にほかならず、したがって、ギルピンの覇権安定論やモデルスキー（George Modelski）の覇権循環論などの成果こそは、ネオ・リアリズムと呼ばれるにふさわしい理論であると言えるのである。これが筆者の昔から一貫した変わらぬスタンスにほかならない。団塊世代が社会の第一線からすでに退場した今日の日本においては、もはや国際政治学の世界においてもアメリカ人が言うことを無批判に輸入してオウム返しの議論をする時代は終焉したことを肝に銘じるべきである。

なお、本書ではいわゆる「コンストラクティヴィズム（Constructivism：社会構成主義）」の議論を取りあげていない。なぜなら、この議論は学問的な議論としての科学的な根拠が薄弱だからである。アレクサンダー・ウェント（Alexander Wendt）の『国際政治の社会理論（Social Theory of International Politics）』などに代表されるこうした議論では、歴史的に蓄積された人々の行為や理念の力が社会変動の基盤としての構造や動態を形成すると考えられており、例えばリアリズムやリベラリズムが前提としているような国際システムの無政府状態、すなわち、対立や協調を生み出す国家や人間の本性（ホッブズ的世界観）を統括できるという考え方が提示されている。しかし、人間の本性とはそれほど甘いものではなく、それは生物の根源的な本性に由来するものであろう。たかだか理性や制度の力によっては人間の欲求や行動を完全にコントロールできない事実は、共産主義社会の崩壊が証明している。したがって、こうした議論を国際政治学の科学的な理論として本書で紹介する価値を見出すことは困難であるというのが筆者のスタンスである。

2　分析的枠組み

ところで、具体的な議論を展開する前に、ここで、われわれは現代の国際政治および国際政治学において使用されている既存の諸概念をよく検討し、また、論理的な操作の作業に必要な概念を新たに設定しておかなければならないであろう。特に、現代国際政治理論の諸パラダイムの名称や論理内容に関しては、論者の数ほどその見解があると言える。ここでは以下のようにそれらを規定しつつ、本題への橋渡しとしたい(4)。

(1) 現実主義・制度主義・構造主義

まず，そもそも国際政治現象というものには，国際社会を構成する種々の主体がそれぞれの利害関係をめぐって対立する側面（ホッブズ的世界観）と，共通利益の醸成を目指して協力する側面（グロティウス的世界観），さらには，こうした主体の行動を規定する要素としての構造的な側面（マルクス的世界観）という三つの顔が存在していることは，容易に認識し得る状況である。いわゆる国際政治理論とは，これら三つの国際政治の顔にそれぞれ着目し，各々の側面に分析の焦点を当てて構築された論理のパラダイムである。より一般的には，現実主義（または古典派理論），制度主義（または理想主義），構造主義（またはマルクス主義）と呼称される諸理論である。そして，科学理論である以上，これらもまた他の科学領域の理論と同様にして，現象の変化に対応して修正され，かつ新しい理論に衣替えをしつつ今日の論理体系を形作ってきた。ここでは，以下の議論を明瞭に展開するために，それぞれの理論の論理内容とその進化の過程を簡潔に紹介しておこう。

① 現実主義と新現実主義

国際政治を国家中心的な枠組みによってとらえ，そうした国家と国家の間で行われる種々の対外政策がぶつかり合う対立主義的な側面を研究の主眼とし，国際政治の動態要因として諸国家の国力という要素を重視するのがこの立場である。このカテゴリーに属する理論には，国際システムの動態と安定を，それを構成する諸国家の力の均衡という概念によって分析する勢力均衡論や，他国に比してずば抜けた国力を有する超大国の存在という視点から考察する覇権論・長波理論などがある。ここでは，特に前者を現実主義理論，後者を新現実主義理論と呼ぶことにしよう。現実主義理論においては，国際システムの安定は国際社会の上層部に位置する数ヶ国の大国間の力の均衡という要素によって実現されると考えられていた。しかし，この理論は，第二次世界大戦後の米ソ冷戦体制の動向に鑑み、むしろ強力な親分国家によって統括されることこそ国際システムの安定条件であるという新現実主義理論へと進化していくのである。

② 制度主義と新制度主義

国際政治の主体として、国家と同様に国際組織などの非国家的行為主体を重視し、経済的、社会的、文化的な諸交流による国際関係の協力主義的な側面を研究の主眼とし、国際政治の動態要因として、特に経済的相互依存や国際組織の政治的調停機能などの要素に着目するのがこの立場である。このカテゴリーに属する理論には、国際システムの動態と安定を国際組織を媒体とした経済活動などの国際交流の統括という概念によって分析する国際統合理論や、経済的相互依存の浸透による国際協調活動の醸成という視点から考察する相互依存論・レジーム論などがある。ここでは、前者を制度主義理論、後者を新制度主義理論と呼ぶことにしよう。制度主義理論においては、国際システムの安定はEUなどの地域主義的な国際協力機構の機能にともなう国際統合活動によって実現されると考えられていた。しかし、この理論が念頭においていた現実の地域協力機構の多くが頓挫した事実に鑑み、むしろ経済的相互依存を基軸とした国家間協調こそ国際システムを安定化させる形態であるという新制度主義理論へと進化していくのである。

③ 構造主義と新構造主義

国際政治は、国家と並んで、階級、社会集団、個人といった各主体によって動態しているが、資本主義的生産様式がもつ利潤拡大の理念と活動は、国家間に経済をはじめとするさまざまな分野における格差をもたせる結果を生み、それがゆえに、国際関係は富める国々による貧しき国々に対する支配＝従属の搾取関係から成り立っているとするのがこの立場である。このカテゴリーに属する理論には、国際システムの動態と安定を、富める中心国と貧しき周辺国との政治、経済、文化、社会などの領域における支配関係という概念によって分析する従属論や、中心国と周辺国、およびその間に中心国へのキャッチアップをねらう準周辺国を加えた三層構造や中心国間のヘゲモニー争奪戦といった視点から考察する世界システム論などがある。ここでは、前者を構造主義、後者を新構造主義と呼ぶことにしよう。

構造主義理論においては、国際関係の中心＝周辺構造は硬直化された体制であり、第三世界諸国はこれを自助努力によって覆すことはできないと考えられていた。しかし、時代の推移は、アジアＮＩＥＳの興隆など、従属の中での発展を可能とする事例を提示することとなり、中進国＝準周辺という新概念を携え、しかも、そうした三層構造の内部を各国家が周流するというモデルを提示する新構造主義へと進化していくのである。

(2) 新現実主義的総合のメタ理論

ところで、現代のマクロ国際政治理論の中にあって、国際政治の動態に関する最も基本的な要素を取り扱っているのは、現実主義もしくは新現実主義の理論であろう。確かに、近年の国際政治の動態においては、経済的またはイデオロギー的な要素の増大、国連、ＥＵ、ＡＳＥＡＮなどの非国家的行為主体の興隆など、さまざまな要因が活躍している。しかし、国際政治の本質がやはりそれぞれの国家が自己利益の獲得を目指して他国と接触する側面（国家間政治）にあることは否定できない。国際システムであると否とを問わず、いかなる社会システムであれ政治活動をともなわない経済活動は有り得ないし、国際組織は国家を超える自律主体としての強靭件をもち得ないからである。

したがって、ここでは一つの試みとして、マクロ理論の体系化を遂行する際に基本的な骨格となる論理を新現実主義、特に、その覇権盛衰現象の論理に求めてみよう。そこでは、以下のように、覇権の時系列的な局面として四つの場面が設定できるのである。敢えて付言すれば、同様にして、新制度主義的総合もしくは新構造主義的総合のパラダイムを構築する試みも不可能ではない。しかし、本章では前記の理由に基づき、新現実主義的総合パラダイムの構築を少なくとも優先課題として認識したいと思う(5)。

① 成長期

これは、ある国が、その軍事的、政治的、経済的、文化的、地理的、歴史的、そして国際関係的な種々の要素によって、他国に比べて優位な国力を蓄積しつつ、あらゆる分野において世界をリードする覇権国となっていく時期である。国際システムは、覇権候補国との関係の深度によって、また、自己努力の手法の彼我によって各国が不均等成長を遂げる様相を呈し、覇権支配の確定化をめぐる分離と統合が繰り返し行われる。その中で、覇権体制の基盤が強固なものとして成立していく時期である。

② 充実期

これは、親分である覇権国となった国が子分である他の国際システム構成諸国を統括しつつ、国際社会における諸問題が覇権国の国力と影響力によって処理されていく時期である。国際システムは、あらゆる分野において覇権国の国力によって統括され、軍事協力や経済協力などの諸次元における国際交流のネットワークが国際システムの動態と安定に関する最も重要な要因としての地位を占めることになる。また、覇権が一種の体制として存分に機能しつつ、同時に、その歪みの兆候も少しずつ顕在化していく時期でもある。

③　衰退期

これは、覇権国が、自己の国力を国際システムを安定させるために使用したことによって人的および物的な資源を浪費し、経済活動の生産性を鈍化させ、技術革新の能力も減退し、それゆえ、他の強力なライバルたちの勃興によって覇権国としての地位を脅かされていく時期である。特にこの時期には、軍事的手段の行使に代表される実質的な費用の増大を節約するために、覇権国の他国に対する政治的な発言が強力になっていく傾向がある。国際システムは、次第に不安定な要素を顕在化させつつ、覇権支配からの離脱を求めての分離主義とポスト覇権時代の秩序を求めての統合主義の動向によって彩られることになる。しかし、支配力としての覇権国の国力は減退しても、他国との競争力という点でのそれにはまだまだ侮りがたいものが残存している時期でもある。

④　移行期

これは、覇権国の実質的な力の低下が決定的となり、他の同僚中の強力なライバルによって覇権を奪われていく時期である。特にこの時期には、もはや覇権国の国力には昔日の面影は感じられず、競争相手であるライバル国との覇権戦争などの変動を経て、実質的に新しい国際体制の中に組み込まれていくことになる。国際システムは、以前にも増して流動化し、新しい覇権国、もしくは覇権支配による秩序に代わる何らかの方法による新しい国際体制への模索が行われるのがこの時期である。

3　「新現実主義的総合パラダイム」の構築

さて、前節までの検討において、われわれはマクロ国際政治理論の体系化を試行する際に必要と思われる諸概念

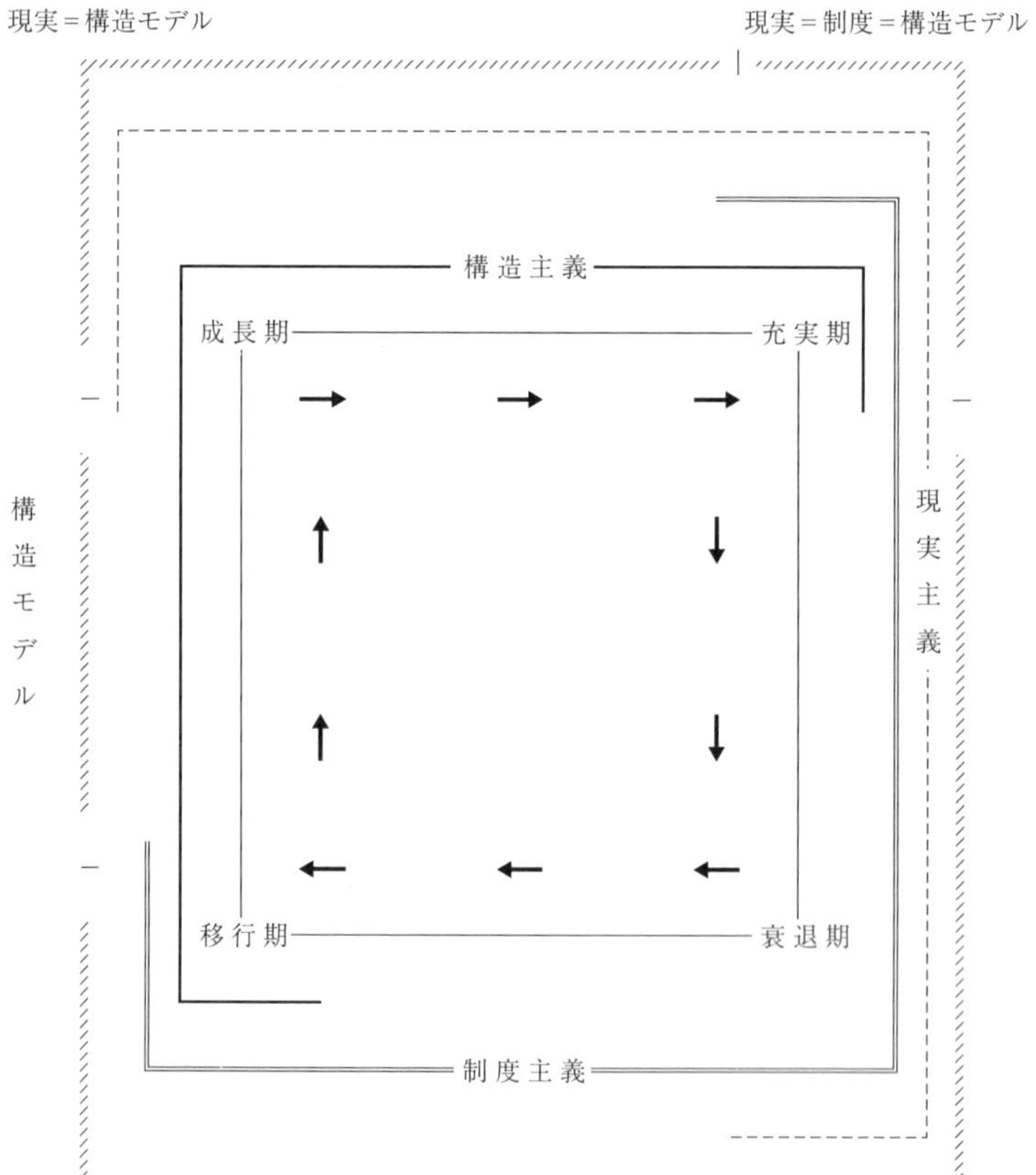

図7-1　覇権盛衰現象の推移および主流となる理論的パラダイムの変遷

の整理、定義、そして設定を行ってきた。本節では、これらの諸概念を操作して、現状において分立している三つの理論的パラダイムの論理的な統合を試み、これを一つのパラダイムとして再構築する努力を展開してみよう（以下、図7-1を参照のこと）。

（1）覇権の成長と構造／新構造主義の論理――〝現実＝構造〟モデル

まず、覇権成長期における構造主義的な論理のもつ意義について考察してみよう。この時期には、国際システム全体が覇権国の国力の向上に牽引される形で流動化し、また、覇権国以外の国際システム構成諸国は、覇権国との軍事的、政治的および経済的な相互関係の深度に影響を受けながら不均等発展していく。すなわち、覇権国と友好的な関係にある諸国は、覇権国からの軍事的および経済的な支援を獲得することを通じてその力の傘の下で繁栄していくことが可能になるが、覇権支配を受け入れずに反旗を掲げる国々や覇権体制の存立にとって重要視されなかった地域の諸国は、こうした援助の対象から除外されるのみならず、覇権国およびその同盟諸国からの種々の敵対圧力を被ることになる。こうした事情によって、国際システムには、さまざまの領域において国力の強靭性を有する諸国とそれが脆弱な国々という国家間格差が生起し、ここに、構造主義理論が認識するところの国際関係における富める国と貧しき国との支配＝従属関係が成立するということになる。

もちろん実際には、このような国際関係の構造が形作られる要因としては多数の要素が考えられる。しかし、ここでの目的は、覇権の盛衰という現象に焦点を当てつつ各理論的パラダイムとの論理的な関連性を検討することにあるのだから、こうした見解を提示することには意義があると思われる。ここでは、仮にこのような論理を「覇権力浸透性仮説」と呼んでおきたい。覇権力の浸透性の度合いによって、国家間の格差が生ずるという内容だからである。

(2) 覇権の充実と現実／新現実主義の論理——〝現実〟モデル

次に、覇権充実期における現実主義的な論理のもつ意義について考察してみよう。新現実主義理論は、もともとこうした覇権の盛衰という現象を研究の題材として取り扱った理論であるから、特にここで検討すべき問題は少ない。しかし、重要なことは、覇権力が充実しているこの時期においては、国際システムにおいて生起するほとんどあらゆる問題が覇権体制という文脈の中で動態し、処理されるということである。国際経済問題や集団安全保障の問題、そして子分同士の争いごととしての国際紛争の問題など、種々の国際問題が覇権国のリーチング・エリアの中に組み込まれるのである。ここでは、仮にこのような論理を「覇権力統括性仮説」と呼んでおこう。覇権力の統括性が国際秩序を構築し、維持するという内容だからである。

(3) 覇権の衰退と制度／新制度主義の論理——〝現実＝制度〟モデル

さらに、覇権衰退期における制度主義的な論理のもつ意義について考察してみよう。覇権国の国力はいわゆる内生外生のさまざまな要因によって衰退していく。ここで特に注目したい点は、覇権国が自己の覇権体制を維持するために、換言すれば、自らが盟主となって運営している国際秩序のシステムを存続させるために、できるだけ自己の費用負担の度合いを減らし、それを他国に肩代わりさせようとする行動の意義についてである。一般に、バードン・シェアリングの要求と呼ばれているこうした覇権国の対外政策は、以下のような政治的な意味を有している、すなわち、覇権の充実期には世界の至るところに派兵能力を有していたような覇権国の国力が種々の要因によって減退していくとなれば、そこでは当然の帰結として、軍事協力や経済協力のような、実際に物的および人的な資源を使用しなければならないような活動に加えて、政治的発言力の強化という国力発揮の手法における政策の転換が行われるであろう。結果として、各国は覇権国の政治的な要求によって費用負担の一翼を担うこととなる。そして、覇権体制は国際協調体制という一元的支配から多元的支配へとその形態を変化させることになり、したがって、国際システムはこうした国際協調活動によって運営されていくことになる。ここでは、仮にこのような論理を「国際協調統括性仮説」と呼んでおこう。国際協調活動の統括力によって、ポスト覇権時代の国際システムが運営されるという内容だからである。

(4) 旧覇権体制から新覇権体制への移行期――〝制度＝構造〟モデル

それでは、今度は新旧覇権の移行期における構造主義的および制度主義的な論理のもつ意義について考察してみよう。この時期においては、すでに論じた(1)および(3)の両者の要素が同時的に存在すると考えられる。すなわち、旧覇権体制の残存要素としての国際協調活動という次元と、新しい覇権体制の興隆にともなう要素としての国家間格差の生起という二つの次元が、この時代を彩る国際関係の特徴である。換言すれば、前者は統合の要素であり、後者は分離の要素である。旧覇権国が国際協調活動によるバードン・シェアリングの間に再び覇権を盛り返そうとし、しかし、そのような状況の中から新しい覇権体制の要素が生起してくるのがこの時期である。ここでは、仮にこのような論理を「覇権交代流動性仮説」と呼んでおこう。新旧覇権国の交代という現象変化が、国際政治のさまざまな領域に影響をおよぼすという内容だからである。

(5) 新現実主義的総合パラダイム――〝現実＝制度＝構造〟モデル

さて、それではここで改めて以上の議論を包括的に整理し、先に分析的枠組みにおいて提示した諸概念と合わせ、その論理内容を翻訳してみよう（図7-1の各レールを時計回りに参照）。

まず、覇権の成長期においては、現実主義的な論理（特に新現実主義の論理）にともなって覇権国の国力が向上していく一方で、「覇権力浸透性」の格差によって国家間に国力の格差が生じ、いわゆる構造／新構造主義理論が主張するところの国際システムが形作られていく。すなわち、この時期には、言わば現実＝構造モデルとしての国際システムが形作られるのである。

次に、覇権の充実期においては、同様にして「覇権力統括性」による国際体制が安定的に機能する一方で、成長期の遺産としての国家間格差の是正を目的とした種々の対策が講じられ、覇権力の浸透から漏れた分野における他国による穴埋め作業が行われる。すなわち、この時期には、言わば現実＝制度＝構造モデルとしての国際システムが形作られるのである。

さらに、覇権の衰退期においては、やはり同様にして覇権国の国力が絶対的および相対的に低下していく一方で、従来、覇権国が担っていた役割を他の諸国が国際協調活動を通じて肩代わりしていく「国際協調統括性」の動向がみられる。すなわち、この時期には、言わば現実＝制度モデルとしての国際システムが形作られるのである。

最後に、覇権の移行期においては、旧覇権体制が衰退していく時期の残存要素としての国際協調活動と、新たな覇権体制が模索される時期の導出要素としての国家間の国力の格差とそれに付随する国際対立という双方の要素が存在し、「覇権交代流動性」の時代が訪れる。すなわち、この時期には、言わば制度＝構造モデルとしての国際システムが形作られるのである。

4　結　論

本章では、覇権盛衰という現象の推移を一つの手がかりとして、現代国際政治をめぐるマクロ理論の体系化を模索してきた。そこでは、覇権の成長、充実、衰退、移行の各局面における現象の動態と各理論的パラダイムとの論理的な整合性が検討された。そして、それぞれの分析的枠組みとして、「現実＝構造モデル」、「現実＝制度＝構造モデル」、「現実＝制度モデル」、「制度＝構造モデル」という融合概念が導出された。

しかし、本章のこうした研究成果には、若干の理論的な課題が残されている。第一に、覇権盛衰という現実事象に関する動態要因のさらなる検討という問題である。特に、覇権が成長する局面と衰退する局面の双方における内生要因（例えば経済的要素）と外生要因（例えばライバル国との国際関係）のより具体的な考察と、その理論的パラダイムとの論理的な関連性の追究である。

第二に、現代国際政治理論に潜む規範論的な意義と、こうした客観事実としての現象を分析する研究との隔絶性の問題である。本章では、特に現代国際政治理論の認識論としての意義に着目して考察を行ってきた。しかし、仮に、国際政治研究の重要な目的の一つとして国際秩序の問題への取り組みという姿勢を掲げるならば、そこでは、より政策論的な研究が志向される必要がある。

第三に、本章におけるマクロ理論の体系化に関する議論を用いて、これをマクロ理論とミクロ理論の統合に関する議論と交錯させることである。もともと本章の議論は、マクロ理論とミクロ理論の双方を統一的なパースペクティブから統合することを究極の研究目的とし、その前段階の研究としての意義をもって取り組まれた課題であった。その意味で、この種の研究の最終的な結論は、体系的な国際政治理論の構築をもってはじめて一応の完結を見ることになろう。

さらに第四に、以上のような諸課題へ取り組む意義からも、実証的研究との相互交流（フィードバック）によって議論を蓄積していくことが肝要である(6)。

注

(1) 現代国際政治理論に対する包括的な検討、特に各理論的パラダイムの名称などの問題をめぐる議論に関しては、石井(1993②)を参照。なお、戦後冷戦体制の時代を通じた国際政治理論研究の動向に関しては、山本(1993)を参照せよ。

(2) ミクロ理論とマクロ理論の交錯に関しては、石井(1993①)第六章と(1993②)第六章をそれぞれ参照のこと。

(3) ミクロ理論の体系化に関しては、石井(1993①)第二章および石井(1993②)第五章を参照。

(4) 以下の議論は、石井(1993②)第二章~第四章において遂行された議論を整理したものである。ここでは、特に国際政治学における各理論的パラダイムがいかなる過程を経て修正され、かつ新しい理論に衣替えをしていったのかという論理実証主義的な進化の問題が検討されている。なお、各理論的パラダイムの原典として特に筆者が認識している文献を紹介しておくと、まず、現実主義に関しては、Bull(1977)およびOrganski(1967)、新現実主義に関しては、Gilpin(1987)およびModelski(1987)、制度主義に関しては、Haas(1964)およびDeutsch(1978)、新制度主義に関しては、Keohane and Nye(1977)、Keohane(1984)、Keohane(1989)、Krasner(1983)などがあり、構造主義に関しては、Frank(1969①)、新構造主義に関しては、Wallerstein(1979)などを挙げておきたい。また、各理論的パラダイムの名称や論理の内容を構成する諸概念の定義、さらに研究方法論などの問題に関しては、石井(1993①)第一章および石井(1993②)第一章の議論を参照せよ。

(5) 以下の議論は、石井(1993①)第三章および石井(1993②)第二章において遂行された議論を参考にしつつ、覇権盛衰の各時系列的局面を設定したものである。原典として、Gilpin(1987)およびModelski(1987)などの議論を参照せよ。

(6) 国際政治分析を含む政治学的な分析における理論研究と実証研究の間のフィードバック作業の重要性に関しては、薬師寺(1983)の議論に総合的視点から指摘されている。社会科学的な研究においては、いわゆる実験作業が「できない」のではなく、「してはならない」のである。なお、同様の趣旨をもった文献として、石井(1993①)第一章および石井(1993②)第一章を参照せよ。

第8章　歴史認識と国際政治理論

1　問題の所在

(1) 二つの要素

近年、アメリカの軍事的プレゼンスの後退や、それにともなう中国、ロシア、各種の武装勢力などの活動の活発化により、国際政治の状況は大きな過渡期を迎えていると言える。こうした動向の中にあって、従来の研究成果として蓄積されてきた国際政治学や国際政治理論の説明能力や予測能力が疑問視される風潮が見られる。しかしながら、世界の情勢を見るスタンスとして以下のような二つの要素を考慮すれば、「世界が変わった」と判断することが拙速である可能性が考えられる。

まず、第一に、われわれは今まで欧米諸国、特に、西洋文明世界またはキリスト教文明世界の情報によく触れる努力をしてきたが、それ以外の世界のさまざまな地域、アジア、アフリカ、ラテンアメリカなどに関する情報によく触れようとする努力が足りなかったのではないか、そして、仮にそのような努力を蓄積していけば、現代の世界には「変わったところ」と「変わらないところ」の双方が存在している事実を認識できるのではないかという要素である。

第二に、前段と同様にして、欧米諸国、特に西洋文明世界またはキリスト教文明世界の論理をよく研究しようと努力をしてきたが、それ以外の世界のさまざまな地域、アジア、アフリカ、ラテンアメリカの国家や社会の論理を研究しようとする努力が足りなかったのではないか、そして、仮にそのような努力を遂行していけば、これまで常識と考えられてきたことの非常識性や、逆に、これまで非常識と考えられてきたことの常識性などが発見できるようになるのではないかという要素である。

（2）世界は本当に変わったのか？

ところで、果たして本当に時代や世界は変わりつつあるのだろうか。世評一般で言われているように時代や世界を区別するというのであれば、その社会的な構造や現象の動態傾向において、現在をはさむ以前と以後との間に、何か決定的な変化や転換が存在していなければならないであろう。そして、もし基本的な変化があったのであれば従来の国際政治学や国際関係論の学術的な研究成果は根本的な刷新を余儀なくされる状況にあるといえる。しかし、もしもそうした基本的な変化がなかったのであれば、それは今後の新しい研究の方向性があくまでも従来の成果の延長として蓄積されるべき活動として位置づけられるであろう。

以下、本章では、果たして現代の国際政治現象がこれまでに蓄積されてきた従来の国際政治学によって説明できないものであるのか否かという視点を中心として、言わば現代史に対する歴史認識（Cognition of History）あるいは歴史哲学（Philosophy of History）の検討という課題を念頭におきつつ、新しい国際政治理論の必要性とその論理的な妥当性について若干の考察を行う。したがって、本章の議論は、そのような研究そのものが果たして必要であるか否かを論ずるメタファーの議論であることをあらかじめお断りしておきたい。

2　歴史認識と歴史哲学

ところで、一般に社会科学研究者、特に、歴史学者や政治学者、または国際関係論者にとって、歴史の推移をどのようなものとしてみるかという認識の姿勢＝歴史認識または歴史哲学は、決定的に重要な意義をもつ要素である(1)。いにしえのカント（Immanuel Kant）、ヘーゲル（G. W. F. Hegel）、ランケ（Leopold von Ranke）、ブルクハルト（Jacob Burckhardt）など、近代および現代の歴史上に足跡を残す碩学の偉人たちを引き合いに出すまでもなく、このような議論は、社会科学研究の根幹をなす問題意識であり続けてきたといえる。

例えば、歴史を決定論的な事実の推移としてとらえるならば、そこではあらゆる事物の時間的かつ空間的な進行が最終的に到達する何らかの場所が存在し、全ての歴史学の研究者たちは、そのような到達点がどのようなものであるのか、それがどこにあるのか、そこに到達する過程はどのようなもので、一体いつ人類はそこに到達するのかといった問題に取り組むことになってしまう。こうした歴史認識における方法論の典型はマルクス主義的歴史観というものであり、そこでは、全ての人類社会は、いずれ資本主義の矛盾によって社会主義や共産主義的な社会へ到達すると予言されていた。しかし、むしろ歴史を非決定論的な事実の推移としてとらえるならば、そもそもそうした到達点があるのかないのか、あるとすればそれにはどのような種類があるのか、果たして人類はその中のどこへ到達するべきなのか、そこに至る過程や政策はいかにあるべきなのかなどなど、より広く多くの発展的な課題が提示されることになるのである。

いうまでもなく、国際政治や国際関係の推移をとらえる作業を遂行する場合にも、こうした歴史認識または歴史哲学は、研究方法論上において決定的に重要な要素である。この節では、こうした歴史認識や歴史哲学というものが、ヨーロッパにおける社会思想史の文脈から生まれたものであることを前提として、それが、ここで紹介するブルクハルトの登場を境に転換した事実を見ていきたいと思う。

なお、日本では「歴史認識」といえば、そのまま戦前日本のアジアに対する帝国主義政策の是非を問う議論と直結するイメージがあるため、このような非常に特殊な事情を有する用法との誤解を避けるために、ここではつとめて、できる限り「歴史哲学」という言葉を用いていきたいと思う（日本におけるこの「歴史認識」という用語の用法に関するこうした問題は、現代日本の全社会科学者が早期の解決を目指して真摯に取り組むべき課題であろう）。

（1）ブルクハルト以前の歴史哲学

ところで、先に指摘したブルクハルトの歴史哲学が登場する以前の時代において、ヨーロッパの哲学者や歴史家たちが有していた歴史哲学は、多かれ少なかれ、キリスト教でいうところの終末論的な歴史観に根ざしたものであったと考えられる(2)。例えば、ヘーゲルの歴史哲学は、このようなキリスト教の終末論的な歴史哲学をできる限り一般の人々にも分かり易い形で再編することを念頭におきながら、歴史はある一定の目標を目指して発展するものであるという立場をとっていた。そして、そこでは多分に、本人が好むと好まざるとにかかわらず一つの終着駅に向かって展開される歴史の動態＝終末論的な歴史哲学からの影響が見られるとともに、いわゆる「世界史（World History）」はそのまま「ヨーロッパ史（European History）」を意味するものであり、また、その多くは政治や国家などの公式の社会活動を重視した政治史（Political History）としての歴史観であったと考えられる。すなわち、ヨーロッパ以外のアジアや東洋などの歴史的事実の蓄積や、政治以外の宗教や文化が果たす歴史における役割を軽視・無視する傾向が見られたといえよう。そして、こうした傾向は、ランケなど、ヘーゲルに続く哲学者や歴史家たちの歴史認識にも見られるものであったと考えられる。

このように、ブルクハルト以前の歴史哲学は、いずれも歴史認識におけるヨーロッパ重視、政治活動や国家活動の重視などの特徴を有しており、そこに、アジアや東洋などの非ヨーロッパ世界を含む全世界史的な視野や、政治や国家の活動に限定されず、より広く文化や宗教などの非政治的な人間の活動に対する視野が設定されることは稀少であったといわねばならない。繰り返すが、そこでは、あくまでも世界史はそのままヨーロッパ史であり、政治史であり、それ以外の地域や分野の歴史を論ずる際にも、あくまでもヨーロッパ史や政治史の文脈から論じられることが多く、これを非常識や例外的な事物の時間的推移としてとらえる傾向が強かったのである。すなわち、ここに世界の他の地域に対してヨーロッパだけが近代的な社会を作り上げたという自負と驕りの意識が存在していたことは否定できない。

(2) ブルクハルトの歴史哲学

しかし、このような、従来のヨーロッパにおける歴史家や哲学者たちにおける歴史哲学の傾向に対して、ブルクハルトは独自の歴史哲学を展開した(3)。すなわち、彼は、彼以前の多くの歴史哲学、つまり、これまでの神学的・形而上学的な前提をもった歴史哲学、あるいはキリスト教的な終末論的な歴史認識などの諸研究成果を、とりあえず一旦リセットした上で、純粋に人間本位の立場から歴史哲学を構築しようと試みた哲学者であった。そこでは、従来のように、歴史上の出来事をタテの時系列のみからとらえることをせず、より横断的にとらえる視点を設定しつつ、歴史の出来事が個別的で一回かぎりのものではなく、むしろ反復する恒常的なものであり、そして、他の出来事と比較して類型可能なものであるととらえる試みが展開されている。また、人間の精神的な要素なくして歴史は起こらないという前提から、彼は歴史を精神的な連続体としてとらえたのである。そして、この連続性の危機＝例えば革命なども、彼によれば単に加速度的な変化にすぎず、相対的な速度の問題として認知されることになったのであった。すなわち、革命とは、歴史的な意味における巨大な転換事というよりも、むしろ単に、平素のスピードよりも早く歴史が進展する時期というだけの意味をもつ出来事にすぎないというとらえ方である。

もちろん、ブルクハルト自身もまた、ヨーロッパ人の哲学者・歴史家としての歴史認識を行っていたのであるから、彼の歴史哲学もまた、ヨーロッパ中心史観としての域を超越したものであったとは言い難い。そして、このような傾向は、実は、以下に見るような現代国際政治学のマクロ理論の歴史認識にも妥当するものであると考えられるのである。ただし、ブルクハルトによるこうした新しい歴史哲学上のスタンスの提示は、後のフランスを中心としたアナール学派や社会史学派の歴史学や、さらには、現代の国際政治学や国際関係論、特に、地域研究や比較文明論などの領域に対して、はかり知れない影響を与えることになったと考えられるのである。

3　新しい国際政治理論の意義

(1) 西欧中心史観と政治史重視の論理

かつて、一九七〇年代の後期から八〇年代の初頭にかけて、特にアメリカを中心として、覇権理論（Hegemonic Stability Theory）や長波理論（Long Cycle Theory）などの現代国際政治学におけるマクロ理論が登場する以前の時代においては、国際政治学の理論的研究成果というものは、ミクロ理論における政策決定理論（Decision-Making Theory）と、マクロ理論における勢力均衡理論（Balance of Power Theory）および国際統合理論（International Integration Theory）が主流であった。[4] ここで勢力均衡論とは、複数の諸国家によって構成される国際関係が各国家の国力の均衡によって秩序づけられるという理論であり、また、国際統合理論とは、諸国家間の国境を超えた協調と協力が当該地域の国際関係の安定と発展をもたらすという理論であった。そして、これらの理論は、いずれも一八〜一九世紀のヨーロッパ諸国家間におけるバランス・オブ・パワーを通じた国際関係の秩序（Concert of Europe）や、二〇世紀中期〜後半におけるヨーロッパ統合（いわゆる現代のＥＵ統合）の進展を念頭においた理論であったといえる。

しかし、米ソの冷戦体制から米国の覇権体制へと時代が推移するにともない、国際政治学や国際関係論の研究対象は、むしろ全世界を支配する覇権国の力の盛衰をめぐる現象変化の論理を解明することに向けられるようになったのである。前記の覇権理論や長波理論は、いずれも覇権国であるこうしたアメリカという国の世界を支配する国力が、いかなる要素によって盛衰するのかを論じた理論であったといえよう。

このように、特に欧米で発展してきた国際政治学のマクロ理論における研究対象は、やはりヨーロッパ、または、より広く言って欧米諸国を念頭においた議論であったことは否定できないと考えられる。また、これらの理論は、いずれも国際関係における政治（軍事安全保障を含む）や国家の活動を重視する傾向を有しているといえる。いわゆる現実主義＝リアリズム的な視点である。そして、こうした傾向を歴史学的な言葉で換言すれば、いわゆるブルクハルト流の文化史よりも、むしろランケ流の政治史の歴史認識に近い研究成果であったという言い方ができるのである。したがって、現代の国際政治理論の特徴は、それが政治学の一分野としての学問である以上はむしろ当然のこととも考えられるが、しかし、それはあくまでもヨーロッパ中心（欧米中心）史観であり、また同時に、政治史中心史観に根ざした歴史哲学を根底においたものであることは否定できないであろう。

（２）国際政治学と国際政治理論

もちろん、現代国際政治学の理論の中には、こうした傾向に反する例外も存在している。それは、このような欧米を中心に発展してきた国際政治学の理論とは異なり、中南米の学者たちによって提示された従属論（Dependency

Theory）であり，それを論理的に発展させた世界システム論（World System Theory）などである。ここでは，欧米流の国際政治学における政治史重視の傾向に対して，経済史や文化史を重視する「社会史」的な視点や，欧米中心史観に対して，非ヨーロッパ地域，非欧米地域を含む世界システム全体に関する全体史・世界史的な視点が見られることは注目に値するといえよう。さらにいえば，国際政治学，国際経済学，国際社会学など，政治学以外の他の学問分野における研究成果や研究手法を包含する新しい学問としての「国際関係論（International Relations）」の動向についても，こうした傾向が強く見られるのである。

以上に見てきたように，特に欧米を中心として発展してきた現代のマクロ国際政治理論における歴史認識は，その多くの面において，先に紹介したブルクハルト以前の時代におけるヨーロッパの哲学者や歴史家たち（あるいは彼自身も含めた?）の歴史哲学に近い特徴を有していると思われる。しかし，そのような欧米中心的および政治重視・国家重視的な特徴は，前段で述べたような「社会史」からの挑戦と批判を刺激として受け入れながら，今日では，国際政治学，国際経済学，国際社会学，国際文化学など，より広く多くの種類の学問を包括した新しい学問体系としての「国際関係論」において克服され始めているように思われる。ここでは，ブルクハルトの全体史的および文化史的な歴史認識の姿勢を受け継ぐ傾向を見ることができると同時に，また，長い間アジアや東洋を無視してきたヨーロッパの歴史哲学に反して，アジア，アフリカ，ラテンアメリカなど，世界のさまざまな国や地域に関するグローバルな議論がなされており，そこに，ブルクハルト以来の本当の意味での「世界史」を体系化する試みが行われることが期待できるように感じられるのである。

4　結　論

本章では、ヨーロッパの哲学者や歴史家たちにおける歴史認識の特徴を再考しつつ、ブルクハルト以前のそれが、ヨーロッパ中心史観、または、いわゆる欧米中心史観に基づいた歴史哲学としての傾向を有しており、さらに、ブルクハルトの歴史哲学が登場して以後、その傾向に批判的な議論が喚起されたことなどを概観しながら、それらの知見をもとに、現代の国際政治学におけるマクロ理論がどのような歴史認識を行っているのかを考察することに応用し、いわゆる〝第三の国際政治学〟の存在意義について考えてきた。はじめに、ブルクハルト以前のヨーロッパの歴史哲学における特徴をまとめ、次に、いわゆるブルクハルトの歴史哲学を要約した後、最後に、覇権理論・長波理論・世界システム論など、現代の国際政治学におけるマクロ理論の背景にある歴史哲学について論じてきたが、その過程で明らかになったことを前提として検討すれば、その結果を以下のような結論にまとめることができるであろう。

第一に、ヨーロッパの歴史哲学史における傾向として、いわゆるブルクハルト以前のヘーゲルやカントの歴史認識には、多かれ少なかれキリスト教主義に基づく終末論的な認識が見られた。しかし、彼らに続くブルクハルト以降の歴史認識には、そうした傾向を超えて、より世界史的な視野を構築しようとする努力が見られた。

第二に、現代国際政治理論の主流派であるリアリズムの背景にある歴史哲学には、多分にブルクハルト以前の欧米中心史観の傾向が見られた。しかし、これ以外の制度主義、構造主義などの理論や、より広く国際政治学を含む学問としての国際関係論の構成分野である地域研究や比較文明論などの業績においては、こうした傾向を超えようとする努力が見られた。

第三に、いわゆる欧米中心史観を踏襲すれば、今日の世界は変わったと考えることも可能であり、そこに新しい国際政治理論の必要性を感じ取ることができると思われる。

第四に、欧米中心史観を超えて、全世界的な歴史観を追究するスタンスに立てば、今日の世界はその根底の部分では変化したと考えられる部分は限定的なものとなり、そこでは、従来の国際政治学の方法論の延長線上に、これまで歴史学者、政治学者、国際関係論者たちが周辺的な要素としてしか取り扱ってこなかった、アジア、アフリカ、ラテンアメリカなどの発展途上国に関する地域研究、または、イスラム文化圏や儒教文化圏など、非キリスト教文化圏に関する比較文明論的な研究を遂行・蓄積していくことを通じて、現代世界の論理をより深く広く解明できることになる。すなわち、新しい国際政治理論が活躍する場所は、その分だけ、より制限された領域に限られてしまうということになろう。

しかしながら、言うまでもなく、現代の時代状況がこのいずれの歴史認識・歴史哲学に妥当であるのかを判定することは、今後、おそらくは一〇年から二〇年の歴史的経過を待つ必要がある。なぜなら、歴史上の出来事の意義を歴史学的な視点から判定するためには、その当該事実が「歴史的事実」になる必要があるからである。

注

(1)　歴史認識や歴史哲学の意義についての検討は、石井（1995③）の第五章「歴史学と国際関係」などの文献を参照。

(2)　ブルクハルト以前の歴史哲学における代表的な論者は、やはりヘーゲルとその源流としてのカントであろう。榎本（2000）は、近年のわが国における研究成果として定評のある文献である。他に、原典としては、ヘーゲル（2003）などを参照せよ。また、キリスト教的終末論、ヨーロッパ中心史観、政治史中心思考の大家としては、やはり西洋史や国際関係史の父と目されるランケの業績があげられる。例えば、ランケ（1998）などを参照せよ。

(3)　ブルクハルトの歴史哲学については、ブルクハルト（2003）、ブルクハルト（2000）などの文献を参照せよ。

（4）　現代の国際政治学・国際関係論のマクロ理論については、石井（2002）。特に後者の第一章「政治学と国際関係」などを参照せよ。他に、一九七〇年代後半から八〇年代にかけての代表的な業績の原典としては、Gilpin（1981）などを参照せよ。

〈著者紹介〉
石井貫太郎（いしい・かんたろう）
1961年　東京都生まれ。
慶應義塾大学大学院法学研究科政治学専攻後期博士課程修了。
法学博士（慶應義塾大学）。
専攻領域は政治学，政治経済学，国際関係論。
現　職　目白大学社会学部教授。
著　作　『現代国際政治理論』（ミネルヴァ書房，1993年，増補改訂版2002年）
『現代の政治理論——人間・国家・社会』（ミネルヴァ書房，1998年）
『リーダーシップの政治学』（東信堂，2004年）など他数。

21世紀の国際政治理論

2016年 3 月25日　初版第 1 刷発行　〈検印省略〉

定価はカバーに
表示しています

著　者　石　井　貫太郎
発行者　杉　田　啓　三
印刷者　林　初　彦

発行所　株式会社　ミネルヴァ書房
607-8494　京都市山科区日ノ岡堤谷町 1
電話代表　(075)581-5191
振替口座　01020-0-8076

太洋社・兼文堂

ISBN978-4-623-07566-9
Printed in Japan

索　引

（＊は人名）

ア　行

カ　行

サ　行

タ　行

ナ　行

ハ　行

マ　行

ヤ　行

ラ　行

参考文献

邦語文献

『朝日新聞』(1996) 3月23日, 35面

『朝日新聞』(1996) 5月8日, 1面

有賀貞・他編 (1989)『国際政治の理論 (講座国際政治 第1巻)』(東京大学出版会)

飯田幸裕・大野裕之・寺崎克志 (2006)『国際公共経済学——国際公共財の理論と実際』(創成社)

石井貫太郎 (1987)「対外政策の決定過程モデル」『慶応義塾大学大学院法学研究科論文集』第26号所収

——— (1988)「国際機構の政治的機能」『慶応義塾大学大学院法学研究科論文集』第28号所収

——— (1989①)「現代国際理論の規範的意義」『法学政治学論究』第1号 (慶應義塾大学) 所収

——— (1989②)「従属と低開発の国際理論」『慶応義塾大学大学院法学研究科論文集』第30号所収

——— (1990①)「現代国際政治学方法論序説」『法学政治学論究』第7号 (慶應義塾大学) 所収

——— (1990②)「地域主義における対外共同行動の分析」『法学政治学論究』第5号 (慶應義塾大学) 所収

——— (1990③)「国際協調の分析視角」『法学政治学論究』第6号 (慶應義塾大学) 所収

——— (1991)「国際協調と国際秩序」日本国際政治学会編『国際政治』第96号 (有斐閣) 143-164頁

——— (1992①)「冷戦体制の終焉と現代国際政治理論の新展開」慶應義塾大学法学研究会編『法学研究』第64巻9号 (9月号) 45-85頁

——— (1992②)「共産主義社会の盛衰と国際政治理論の発展」日本国際政治学会編『国際政治』第99号 (有斐閣) 101-121頁

——— (1993①)『現代国際政治理論』(ミネルヴァ書房)

——— (1993②)『国際政治分析の基礎』(晃洋書房)

——— (1995①)「20世紀の思想的遺産」東洋英和女学院短期大学編『研究紀要』第34号 1-11頁

——— (1995②)「政治発展と経済発展の相互作用」慶応義塾大学法学研究会編『法

学研究』第68巻6号67-68頁
――――編（1995③）『国際関係論へのアプローチ』（ミネルヴァ書房）
――――（1996）「プロトンの成功が意味するもの」国際開発学会『ニュースレター』第7巻3号11月，5頁
――――（2002）『現代国際政治理論（増補改訂版）』（ミネルヴァ書房）
――――（2004①）『リーダーシップの政治学』（東信堂）
――――（2004②）「宣伝の政治学――政治的リーダーシップとプロパガンダ」目白大学編『人文学部紀要』No. 11（10月号）14-24頁
――――編（2005）『開発途上国の政治的リーダーたち』（ミネルヴァ書房）
――――編（2008）『現代世界の女性リーダーたち』（ミネルヴァ書房）
――――（2009）「政治的リーダーの資質に関する政治心理学的アプローチ――エゴグラム分析の応用試論」『目白大学人文学研究』第5号（85-99頁）所収
――――（2010）「政治的リーダーシップの理論」慶應義塾大学法学研究会編『法学研究』第83巻3号（1月号）301-324頁
――――（2011）「単極システムと双極システムにおける国際公共財の需給関係――クールノー均衡分析によるネオ・リアリズム解釈とその課題」慶應義塾大学法学研究会編『法学研究』第84巻3号（1月号）259-278頁
――――（2014）「環太平洋地域の変動と安倍外交の課題――日米中関係を中心として」拓殖大学海外事情研究所編『海外事情』Vol. 62，No. 4，68-81頁
石黒馨（2007）『入門・国際政治経済の分析――ゲーム理論で解くグローバル世界』（勁草書房）
伊丹敬之（1988）「産業成長の軌跡」伊丹敬之・加護野忠男・小林孝雄・榊原清則・伊藤元重『競争と革新――自動車産業の企業成長』（東洋経済新報社）1-21頁
伊藤元重（1988①）「温室の中での成長競争――産業政策のもたらしたもの」伊丹敬之・加護野忠男・小林孝雄・榊原清則・伊藤元重『競争と革新――自動車産業の企業成長』（東洋経済新報社）173-196頁
――――（1988②）『新・国際経営戦略論』（有斐閣）
岩井浩一・杉山薫（1993）「質問紙法エゴグラムの臨床的応用」『交流分析研究』第2巻1号（3-13頁）所収
上野明（1990）『多国籍企業の経営学』（有斐閣）
梅津和郎（1996）「拡大ASEANへの視点」梅津和郎編『アジア太平洋共同体』（晃洋書房）173-184頁所収
榎本康男（2000）『カントとヘーゲルの歴史哲学――歴史の中での自由（関西学院大学研究叢書）』（関西学院大学出版会）
大芝亮（1994）『国際組織の政治経済学』（有斐閣）

大山道広（1967）「経済政策と国際協力」『三田学会雑誌』第60巻第7号所収
────（1988）「国際協調の経済学」（矢内原勝・深海博明・大山道広編）『世界経済のニュー・フロンティア』（文真堂）所収
岡義武（2001）『近代日本の政治家』（岩波現代文庫）
小川英次（1983）「技術変化のマネジメント」名古屋大学経済学会編『経済科学』第30巻4号12-25頁所収
翁邦雄（1987）「政策協調論争の経済学」『経済セミナー』8月号（日本評論社）所収
小田切宏之（2010）『企業経済学（第2版）』（東洋経済新報社）
小野沢純（1994）「マレーシア・ブルネイ――2020年ヴィジョン」渡辺利夫編『アジア経済読本』（東洋経済新報社）136-154頁所収
片野彦二（1974）『経済統合理論の系譜』（アジア経済研究所）
鴨武彦（1985）『国際統合理論の研究』（早稲田大学出版会）
────・山本吉宣編（1979）『相互依存の国際政治学』（有信堂）
────・山本吉宣編（1988）『相互依存の理論と現実』（有信堂）
榧守哲士（1994）「日本自動車企業とマレーシアの国民車プロジェクト」丸山惠也編『アジアの自動車産業』（亜紀書房）243-289頁所収
川上高司（2014）「米国――覇者から「バランサー」への道へ」『世界と日本』No. 2030（6月2日号）第1面
河田潤一・荒木義修編（2003）『ハンドブック政治心理学』（北樹出版）
川田侃（1958）『国際関係概論』（東京大学出版会）
菊澤研宗（2006）『組織の経済学入門――新制度学派経済学アプローチ』（有斐閣）
公文俊平（1978）『社会システム論』（日本経済新聞社）
黒川修司（1984）「平和研究における数量分析」日本平和学会編集委員会編『平和学の数量的方法（講座平和学　第3巻）』（早稲田大学出版部）
小林良彰（1988）『公共選択』（東京大学出版会）
小宮隆太郎（1986）「日米経済摩擦と国際協調」『週間東洋経済』（6月7日・6月14日号）所収
坂井昭夫（1991）『日米経済摩擦と政策協調』（有斐閣）
佐藤英夫（1989）『対外政策』（東京大学出版会）
産業研究所編（1985）『自動車産業の国際化と産業協力』
重本洋一（2009）「国際公共財の供給に関する考察(1)」『広島経済大学経済研究論集』第20巻4号97-118頁
史世民（1994）「トヨタ生産方式における人的資源」小川英次編『トヨタ生産方式の研究』（日本経済新聞社）141-162頁所収
────（1995）「自動車産業の競争力育成」愛知学泉大学経営研究所編『経営研究』

第9巻2号189-224頁所収
信夫隆司（2004）『国際政治理論の系譜――ウォルツ・コヘイン・ウェントを中心として』（信山社）
進藤栄一（1982）「非極構造論の試み」佐藤栄一編『安全保障と国際政治』（日本国際問題研究所）所収
鈴木光男（1973）『ゲーム理論の展開』（東京図書）
関寛治（1969）『国際体系論の基礎』（東京大学出版会）
曽根泰教（1984）『決定の政治経済学』（有斐閣）
田尾雅夫（1999）『組織の心理学（新版）』（有斐閣ブックス）
武隈慎一（1989）『ミクロ経済学』（新世社）
田中明彦（1989）『世界システム』（東京大学出版会）
田中宏（1987）「強制力と比較優位」慶應義塾大学法学研究会編『法学研究』第60巻4号（4月号）所収
塚田富治（2001）『近代イギリス政治家列伝――彼らは我らの同時代人』（みすず書房）
常木淳（2002）『公共経済学（第2版）』（新世社，2002年）
都留重人編（1981）『経済学小辞典』（岩波書店）
東京大学医学部心療内科編（1993）『新版エゴグラム・パターン――TEG（東大式エゴグラム）第2版による性格分析』（金子書房）
――――編（2006）『新版 TEG II――解説とエゴグラム・パターン』（金子書房）
トヨタ自動車工業株式会社（1967）『トヨタ自動車30年史』
中村政則（1993）『経済発展と民主主義』（岩波書店）
西垣昭・下村恭民（1993）『開発援助の経済学』（有斐閣）
西川吉光（2001）『日本政治外交史論（上・下）』（晃洋書房）
――――（2006）『現代国際関係論』（晃洋書房）
日産自動車株式会社（1991）『自動車産業ハンドブック』（紀伊国屋書店）
日本経済新聞社（1995）『日経産業新聞』（1995年1月12日，20面）
日本国際政治学会編（1981）『国際政治』第67号（有斐閣）
日本自動車工業会『主要国自動車統計』（各年版）
日本政治学会編（1983）『政策科学と政治学』（1983年版・年報政治学）（岩波書店）
野尻武敏（1991）「共産主義の興亡」同・丹羽春喜・福田敏浩・嵐田万寿夫『ひとつのドラマの終わり――共産主義の倒壊』（晃洋書房）1-55頁
萩原宜之（1994）「アジアの民主化と経済発展」萩原宜之編『民主化と経済発展（講座現代アジア）』（東京大学出版会）129-163頁
――――（1996）『ラーマンとマハティール』（岩波書店）
花井等（1974）『現代国際関係論』（ミネルヴァ書房）

浜田宏一（1982）『国際金融の政治経済学』（創文社）
筆者報告（1989①）「東欧の変動と脱冷戦の世界」『国際学生シンポジウム』（1989年12月17日，代々木オリンピックセンター）
———（1989②）「国際協調と国際秩序」『1989年度・日本国際政治学会秋季研究大会』（1989年10月21日，広島大学）
平川均（1994）「NIESの経済発展と国家」萩原宣之編（1994）165-193頁所収
広瀬和子（1970）『紛争と法システム分析による法社会学の試み』（勁草書房）
深海博明（1988）「国際的相互依存の政治経済学」矢内原勝・他編『世界経済のニュー・フロンティア』（文真堂）
船橋洋一（1978）『経済安全保障論——地球経済時代のパワー・エコノミックス』（東洋経済新報社）
堀井健三編（1991）『マレーシアの工業化——多種族国家と工業化の展開』（アジア経済研究所）
三隅二不二（1984）『リーダーシップ行動の科学（改訂版）』（有斐閣）
三菱商事株式会社（1995）「マレーシア国民車プロジェクト（社内資料）」12月
三菱自動車株式会社（1995）「PROTON 社概要（社内資料）」9月
宮川真喜雄（1992）『経済制裁——日本はそれに耐えられるか』（中央公論新書）
三輪晴治（1978）『創造的破壊——アメリカの自動車産業にみる』（中央公論社）
武者小路公秀（1972）『行動科学と国際政治』（東京大学出版会）
武藤博道（1984）「自動車産業」小宮太郎・他編『日本の産業政策』（東京大学出版会）227-296頁所収
村上泰亮（1992）『反古典の政治経済学』（中央公論社）
森脇俊雅（1981）「集団行動の論理」三宅一郎編『合理的選択の政治学』（ミネルヴァ書房）
薬師寺泰蔵（1983）「政策分析におけるモデリングの諸問題」日本政治学会編『政策科学と政治学』（岩波書店）所収
———（1984）「政治学における近代的モデリング」衛藤審吉・他『国際関係理論の新展開』（東京大学出版会）所収
———（1989）『テクノヘゲモニー——国は技術で興り技術で滅ぶ』（中央公論新書）
———（1991）『テクノデタント——技術で国が滅びるまえに』（PHP 研究所）
———・榊原英資（1980）『社会科学における理論と現実——実証分析における一つの試論』（日本経済新聞社）
柳田侃（1989）『世界経済』（ミネルヴァ書房）
山影進編（1988）『相互依存時代の国際摩擦』（東京大学出版会）
山本武彦（1982）『経済制裁——深まる西側同盟の亀裂』（日経新書）

山本吉宣（1984）「政策過程とその分析」堀江湛・花井等編著『政治学の方法とアプローチ』（学陽書房）所収
――――（1988）「国際経済をめぐる政治過程――相互依存パラダイムへの試論」鴨武彦・山本吉宣編『相互依存の理論と現実』（有信堂）
――――（1989①）「国際政治学における数理的なモデル」有賀貞・宇野重昭・木戸蓊・山本吉宣・渡辺昭夫編著『国際政治の理論（講座国際政治　第1巻）』（東京大学出版会）所収
――――（1989②）『国際的相互依存』（東京大学出版会）
――――（1993）「冷戦と国際政治理論」日本国際政治学会編『国際政治』第100号（有斐閣）所収
――――（2008）『国際レジームとガバナンス』（有斐閣）
吉田和男（1996）『安全保障の経済分析――経済力と軍事力の国際均衡』（日本経済新聞社）
吉原正憲（1985）『日本の産業技術政策』（東洋経済新報社）
李林（1991）『多国籍企業と中国』（有斐閣）
渡辺利夫（1996）「従属論は完全に過去のものとなった」国際開発学会『ニュースレター』第7巻11号5月1頁
――――・梶原弘和・高中公男（1991）『アジア相互依存の時代』（有斐閣）
――――・三浦有史（2003）『ODA（政府開発援助）』（中央公論新書）
渡辺千仭（2007）『技術経済システム』（創成社）

翻訳文献

ウィリアムソン，O. E.（1980）（浅沼萬里・岩崎晃訳）『市場と企業組織』（日本評論社）
ウォルツ，K. N.（2010）（河野勝・他訳）『国際政治の理論』（勁草書房）
オルソン，M.（1981）（依田博・森脇俊雅訳）『集団行動の論理』（ミネルヴァ書房）
――――（1996）（依田博・森脇俊雅訳）『集合行為論――公共財と集団理論』（ミネルヴァ書房）
ギャディス，J. L.（2003）（五味俊樹・他訳）『ロング・ピース――冷戦史の証言「核・緊張・平和」』（芦書房）
ギルピン，R.（1990）（佐藤誠三郎・他監訳）『世界システムの政治経済学』（東洋経済新報社）
キンドルバーガー，C. P.（1984）（益戸欽也訳）『パワー・アンド・マネー――権力の国際政治経済の構造』（産業能率大学出版部）
――――（2002）（中島健二訳）『経済大国興亡史1500-1900（上・下）』（岩波書店）
グールディング，M. M. & R. L. グールディング（1980）（深見道子訳）『自己実現への再

決断』星和書店)
コース，R.H.(1992)(宮沢健一・後藤晃・藤垣芳文訳)『企業・市場・法』(東洋経済新報社)
コヘイン，R.O.(1998)(石黒馨・小林誠訳)『覇権後の国際政治経済学』(晃洋書房)
スチュアート，I.& V.ジョーンズ(1991)(深見道子監訳)『TA TODAY』(実務教育出版)
ストレンジ，S.(1994)(西川潤・佐藤元彦訳)『国際政治経済学入門』(東洋経済新報社)
チャン，A.C.(1995-1996)(大住栄治訳)『現代経済学の数学基礎(上・下)』(CAP出版)
デュセイ，J.M.(1980)(池見酉次郎監修・新里里春訳)『エゴグラム』(創元社)
ドゥリング，E.(1996)(大住栄治・川島康男訳)『例題で学ぶ入門経済数学(上・下)』(CAP出版)
ドブソン，A.J.(2008)(田中豊訳)『一般線型モデル入門』(共立出版)
ドロル，Y.(1975)(宮川公男訳)『政策科学のデザイン』(丸善)
ナイ，J.S.(1990)(久保伸太郎訳)『不滅の大国アメリカ』(読売新聞社)
――――(2004)(山岡洋一訳)『ソフトパワー――21世紀国際政治を制する見えざる力』(日本経済新聞社)
――――(2008)(北沢格訳)『リーダーパワー――21世紀型組織の主導者のために』(日本経済新聞社)
――――(2011)「軍事力と経済力のどちらがより重要か」『東洋経済ONLINE』(7月22日号)
ハーシー，P.H.& K.H.ブランチャード(1978)(山本成二・水野基・成田攻訳)『行動科学の展開――人的資源の活用』(日本生産性本部)
ハーシュマン，A.O.(1975)(三浦隆之訳)『組織社会の論理構造――退出・告発・ロイヤルティ』(ミネルヴァ書房)
バーン，E.(1994)(南博訳)『人生ゲーム入門(新装版)』(河出書房新社)
フェルドマン，O.(2006)『政治心理学』(ミネルヴァ書房)
フライ，B.S.(1996)(長谷川聡哲訳)『国際政治経済学』(文真堂)
プラトカニス，A.R.& E.アロンソン(1998)(社会行動研究会訳)『プロパガンダ――広告・政治宣伝のからくりを見抜く』(誠信書房)
ブルクハルト，J.(2000)(新井靖一訳)『ブルクハルト文化史講演集』(筑摩書房)
――――(2003)(新井靖一訳)『コンスタンティヌス大帝の時代――衰微する古典世界からキリスト教中世へ』(筑摩書房)
ブレーク，R.R.& J.S.ムートン(1979)(田中敏夫・小宮山澄子訳)『新・期待される管

理者像』（産業能率大学出版部）
ベッカー，G.（1976）（佐野陽子訳）『人的資本――教育を中心とした理論的経験的分析』（東洋経済新報社）
ヘーゲル，G. W. F.（2003）（長谷川宏訳）『歴史哲学講義（上・下）（ワイド版岩波文庫）』（岩波書店）
ホブズボウム，E.（1968）（安川悦子・水田洋訳）『市民革命と産業革命――二重革命の時代』（岩波書店）
ボールディング，K. E.（1971）（内田忠夫・衛藤瀋吉訳）『紛争の一般理論』（ダイヤモンド社）
マキアヴェッリ，N.（1998）（河島英昭訳）『君主論』（岩波書店）
マスグレイブ，R. A.（1961）（大阪大学財政研究会訳）『財政学――理論・制度・政治(1)(2)(3)』（有斐閣）
マハティール，M.（1986）（高多理吉訳）『マレー・ジレンマ』（勁草書房）
マンキュー，N. G.（2005）（足立英之・小川英治・石川城太訳）『マンキュー経済学(1)』（東洋経済新報社）
マンデル，R.（1971）（渡辺太郎・箱木真澄・井川一宏訳）『国際経済学』（ダイヤモンド社）
ラジエンドラン，M.（1995）（安藤一生訳）『マハティールの夢』（サイマル出版会）
フォン・ランケ，L.（1998）（村岡哲訳）『世界史の流れ――ヨーロッパの近現代を考える（ちくま学芸文庫）』（筑摩書房）
リッカート，R.（1964）（三隅二不二訳）『経営の行動科学』（ダイヤモンド社）
ルソー，J. J.（1974）（井上幸治訳）『社会契約論』（中央公論社）
レヴィン，K.（1972）（猪俣佐登留訳）『社会科学における場の理論』（誠信書房）

英語文献

Allison, G. T.（1971）*Essence of Decision*: Explaining the Cuban Missile Crisis, Little, Brown and Co.
Arkes, H. R. and P. Ayton（1991）“The Sunk Cost and Concord Effect : Are Humans Less Rational Than Lower Animals ?” *Psychological Bulletin*, No. 125, pp. 591–600.
Axelrod, R.（1984）*The Evolution of Cooperation*, Basic Books.
Balassa, B. A. and Others, eds.（1975）*European Economic Integration*, North-Holland.
Baldwin, D. A.（1985）*Economic Statecraft*, Princeton University Press.
Beitz, C. R.（1979）*Political Theory of International Relations*, Princeton University Press.
Blake, R. R. and A. A. McCanse（1991）*Leadership Dilemmas :* Grid Solutions, Taylor Wilson Publisher.

Blake, R. R. and J. S. Mouton (1994) *The Managerial Grid*, Gulf Publish Co.

Blondel, J. (1987) *Political Leadership*: Towards a General Analysis, Sage Publishers.

Bosworth, D. L. (1976) *Productions Functions*: Theoretical and Empirical Study, Ashgate.

Bovee, C. L., J. V. Thill, M. B. Wood and G. P. Dovel (1993) *Management*, McGraw-Hill.

Bull, H. (1977) *Anarchical Society*: A Study of Order in World Politics, Macmillan.

Cardoso, F. H. (1979) *Dependency and Underdevelopment in Latin America*, University of California Press (translated by M. M. Urquidi).

Chase-Dunn, C. (1981) "Interstate-System and Capitalist World Economy," *International Studies Quarterly*, Vol. 25, No. 1, March 1981, pp. 19–42.

Chenery, H. and T. Srinivasan, eds. (1988) *Handbook of Development Economics*, Vol. I & II, Elsevier Science Publisher.

Chiang, A. C. and K. Wainwright (2005) *Fundamental Methods of Mathematical Economics*, McGraw-Hill.

Claude Jr., I. L. (1964) *Swords into Plowshares*: The Problems and Progress of International Organization, 3rd ed., Random House.

Coase, R. H. (1960) "The Problem of Social Cost", *Journal of Law and Economics*, No. 3, pp. 1–14.

Cooper, R. N. (1965) *The Economics of Interdependence*, McGraw-Hill.

———(1985) "Economic Interdependence and Coordination of Economic Policies," in R. W. Jones and P. B. Kenen, eds., *Handbook of International Economics*, Elsevier.

Corns, R. and T. Sandler (1988) *The Theory of Externalities*: Public Goods and Club Goods, Cambridge University Press.

Czempiel, Ernest-Otto and J. N. Rosenau, eds. (1989) *Global Changes and Theoretical Changes*, Lexington Books.

Department of Statistics Malaysia (1991) *National Accounts Statistics, 1988–1990*, September.

Deutsch, K. W. (1966) "Integration and Arms Control in the European Political Environment," *American Political Science Review*, Vol. 30, No. 2, June, pp. 354–65.

———(1978) *The Analysis of International Relations*, 2nd ed., Prentice-Hall.

Dobson, J. A. (1983) *An Introduction to Statistical Modelling*, Kluwer Academic Publishers.

Dowling, E. T. (1992) *Schaum's Outline of Theory and Problems of Introduction to Mathematical Economics*, McGraw-Hill.

Dror, Y. (1971) *Design for Policy Science*, American Elsevier.

Elcock, H. J. (2001) *Political Leadership*: New Horizon in Public Policy, Edward Elgar Publishers.
Frank, A. G. (1969①) *Capitalism and Underdevelopment in Latin America*, Monthly Review Press.
———(1969②) *Latin America*: Underdevelopment or Revolution, Monthly Review Press.
Freeman, R. B. and J. L. Medoff (1984) *What Do Unions Do?* Basic Books.
Frey, B. S. (1984) *International Political Economics*, Basil Blackwell.
Frohlich, N. and J. Oppenheimer (1978) *Modern Political Economy*, Prentice-Hall.
Fukuyama, F. (1989) "The End of History ?" *The National Interest*, Summer, pp. 1–18.
Gaddis, J. L. (1987) *The Long Peace*: Inquires into the History of the Cold War, Oxford University Press.
Galtung, J. (1971) "Structural Theory of Imperialism," *Journal of Peace Research*, Vol. 8, No. 2, pp. 81–98.
George, J. (1989) "International Relations and the Search for Peace, Another View of the Third Debate", *International Studies Quarterly*, Vol. 33, No. 3, September, pp. 269–280.
Ghosh, A. R. and P. A. Masson (1988) "International Policy Coordination in A World With Model Uncertainty," *Staff Papers of International Monetary Fund*, Vol. 35, June, pp. 230–258.
Gilpin, R. (1981) *War and Change in World Politics*, Cambridge University Press.
———(1987) *The Political Economy of International Relations*, Princeton University Press.
Guerrieri, P. and P. C. Padoan, eds. (1988) *The Political Economy of International Co-operation*, Croom Helm.
Haas, E. B. (1964) *Beyond the Nation-State*: Functionalism an International Organization, Stanford University Press.
Hamada, K. (1974) "Alternative Exchange Rate Systems and Interdependence of Monetary Policies," in R. Z. Aliber, ed., *National Monetary Policies and the International Monetary System*, University of Chicago Press,.
Hardin, G. (1968) "The Tragedy of Commons", *Science*, No. 162, pp. 1243–1248.
Hersey, P. H. and K. H. Blanchard (1988) *Management of Organizational Behavior*: Utilizing Human Resources, Prentice-Hall.
Heyer, N. R. (1979) "Development of a Questionnaire to Measure Ego States with Some Applications to Social and Comparative Psychiatry", *TAJ*, No. 9, pp. 9–19.
———(1987) "Empirical Research on Ego State Theory", *TAJ*, No. 11, pp. 286–293.

HICOM（1995）*PROTON CORPORATE PROFILE*（社内資料）

Hirschman, A. O.（1978）“Exit, Voice and State,” *World Politics*, Vol. 31, No. 1, October, pp. 90–107.

Hoffmann, S.（1959）“International Relations,” *World Politics*, Vol. 11, January, pp. 346–377.

———（1960）*Contemporary Theory of International Relations*, Prentice-Hall.

Horne, J. and P. A. Masson（1988）“Scope and Limits of International Economic Cooperation and Policy Coordination,” *Staff Papers of International Monetary Fund*, Vol. 35, June, pp. 259–296.

Hough, J. F.（1989, 1990）“Gorbachev's Politics,” *Foreign Affairs*, Vol. 68, No. 5, Winter, pp. 26–41.

House, R. J. and M. L. Baetz（1979）“Leadership : Some Empirical Generations and New Research Directions”, *Organizational Behavior*, No. 1, pp. 341–423.

Ishii, Kantaro（2012）A Theoretical Analysis for the Supply-Demand Relation of International Public Goods in Uni-Polar and Bi-polar Systems, 目白大学編『人文学研究』No. 8（2月号）37–49頁

Jervis, R.（1978）“Cooperation Under the Security Dilemma,” *World Politics*, Vol. 30, January, pp. 167–214.

Johnson, R. A., R. J.Morsen, H. P. Knowles and B. O. Saxberg（1976）*Systems and Society* : An Introduction, Goodyear Publishing.

Kaplan, M. A.（1957）*System and Process in International Politics,* Wiley and Sons.

Katzenstein, P. ed.（1978）*Between Power and Plenty : Foreign Economic Policies of Advanced Industrial States*, The University of Wisconsin Press.

Kaul, I., I. Grunberg and M. A. Stern, eds.（1999）*Global Public Goods* : International Cooperation in the 21st Century, Oxford University Press.

Keohane, R. O.（1984）*After Hegemony*, Princeton University Press.

———ed.（1986）*Neorealism and Its Crisis*, Columbia University Press.

———（1989）*International Institutions and State Power* : Essays in International Relations Theory, Westview Press.

———（2002）*Power and Governance in A Partially Globalized World*, Routledge.

Keohane, R. O. and J. S. Nye, eds.（1972）*Transnational Relations and World Politics*, Harvard University Press.

———（1977）*Power and Interdependence*, Little, Brown and Co..

———（2001）*Power and Interdependence* : 3rd ed., Little Brown.

Key Jr., V. O.（1958）*Politics, Parties and Pressure Groups*, Crowell.

Kindleberger, C. P. ed. (1970) *The International Cooperation : A Symposium*, M. I. T. Press.

———(1981) "Dominance and Leadership in the International Economy", *International Studies Quarterly*, Vol. 25, No. 3, June, pp. 242-254.

———(1986) "International Public Goods without International Government," *American Economic Review*, Vol. 76, No. 1, March, pp. 1-13.

Komiya, R. (1980) "Is International Co-ordination of National Economic Policies Necessary ?" in P. Oppenheimer, ed., *Issues in International Economics*, Vol. 5, Oriel Press.

Kornai, J. (1980) *Economics of Shortage*, North-Holland.

———(1982) *Growth, Shortage and Efficiency, A Macro Dynamic Model of the Socialist Economy*, Basil Blackwell.

———(1985, 1986) *Contradictions and Dilemmas*, Studies on the Socialist Economy and Society, M. I. T. Press.

———(1990) *The Road to a Free Economy*, Shifting from a Socialist System, The Example, W. W. Norton and Co.

Krasner, S. D. ed. (1983) *International Regimes* : Cornell Studies in Political Economy, Cornell University Press.

Linz, J. J. (1975) "Totalitarianism and Authoritalian Regimes," in F. I. Greenstein and N. W. Polsby, eds., *Handbook of Political Science*, Vol. 3, Addison-Wesley.

Liska, G. (1967) *Imperial America* : International Politics of Primacy, Johns Hopkins University Press

Misumi, J. (1985) *The Behavioral Science of Leadership* : An Interdisciplinary Japanese Research Program, University of Michigan Press.

Modelski, G. (1987) *The Long Cycles in World Politics*, Macmillan Press.

Morgenthau, H. J. (1969) *Politics Among Nations*, 4th ed., Alfred A. Knopf.

Musgrave, R. A. (1969) *Fiscal Systems*, Yale University Press.

Musgrave, R. A. and P. B. Musgrave (1984) *Public Finance in Theory and Practice*, 4th ed., McGraw-Hill.

Myrdal, G. (1957) *Richlands and Poor*, The Road to World Prosperity, Harper and Row.

Nash, J. F. Jr. (1950①) "The Bargaining Problem," *Econometrica*, No. 18, pp. 155-162.

———(1950②) "Equilibrium Points in N-Person Games," *Proceedings of the National Academy of Sciences*, No. 36, pp. 48-49.

———(1951) "Non Cooperative Games," *Annals of Mathematics*, No. 54-2, pp. 286-295.

Neuman, J. and O. Morgenstern (1944) *Theory of Games and Economic Behavior*,

Princeton University Press.
Olson, M. and R. Zeckhauser (1966) "An Economic Theory of Alliance," *Review of Economic and Statistics*, No. 48, pp. 266–279.
——— (1968) "An Economic Theory of Alliances," in B. Russett, ed., *Economic Theories of International Politics*, Markham, pp. 25–49.
Organski, A. F. K. (1967) *World Politics*, 2nd ed., Alfred A. Knopf.
Paige, G. D. (1977) *The Scientific Study of Political Leadership*, Free Press.
Parsley, C. J. (1980) "Labour Union Effects on Wage Gains: A Survey of Recent Literature," *Journal of Economic Literature*, No. 18, March, pp. 1–31.
PROTON (1995) *PROTON ANNUAL REPORT* (社内資料)
Ravenhill, J. (2008) *Global Political Economy*, Oxford University Press.
Rosenau, J. N., ed. (1969) *Linkage Politics*, Free Press.
Samuelson, P. A. (1954) "The Pure Theory of Public Expenditure," *Review of Economic and Statistics*, No. 36, pp. 387–389.
Sandler, T. M., W. Loehr and J. T. Cauley (1978) *The Political Economy of Public Goods and International Cooperation*, University of Denver, Graduate School of International Studies.
Simon, C. P. and L. Blume (1994) *Mathematics for Economists*, W. W. Norton & Co. Inc.
Simonton, D. K. (1987) *Why Presidents Succeed:* A Political Psychology of Leadership, Yale University Press.
Spero, J. E. (1990) *The Politics of International Economic Relations*, 4th ed., St. Martin's Press.
Steinbrunner, J. D. (1974) *The Cybernetic Theory of Decision*, Princeton University Press.
Strange, S. (1988) *States and Markets*, Pinter Publisher.
Sutton, J. (1991) *Sunk Cost and Market Structure*, The M. I. T. Press.
Taylor, M. (1976) *Anarchy and Cooperation*, John Wiley and Sons.
Taylor, J. (1985) "International Coordination in the Design of Macro Economic Policy Rules," *European Economic Review*, Vol. 28, June-July, pp. 53–81.
Tinbergen, J. (1952) *On the Theory of Economic Policy*, North-Holland.
———(1954) *Centralization and Decentralization in Economics Policy*, North-Holland.
———(1965) *International Economic Integration*, 2nd ed., Elsevier.
Vernon, R. (1971) *Sovereignty at Bay*, Basic Books.
Viner, J. (1951) *International Economics*, Free Press.
Wallerstein, I. (1974, 1980) *The Modern World System I. II.*, Academic Press.
———(1979) *The Capitalist World Economy*, Cambridge University Press.

Waltz, K. N. (1959) *Man, the State and War* : A Theoretical Analysis, Columbia University Press.

———(1979) *Theory of International Politics*, Addison-Wesley.

———(2008) *Realism and International Politics*, Routledge.

Williams, P. (1989) "U. S.-Soviet Relations : Beyond the Cold War ?" *International Affairs*, Vol. 65, No. 2, Spring.

Womak, J., D. Roos and D. Jones (1990) *The Machine that Changed the World*, Machilliam Publishing Co.

World Bank (1993) *The Asian miracle : Economic Growth and Public Policy*, Oxford University Press.

Yukl, G. A. (1981) *Leadership in Organizations*, Prentice-Hall.